Mo Chiad Fhaclair

Dealbhan le Julie Park

PRG • ACAIR

Air fhoillseachadh ann an 1996 le P.R.G. agus Acair Earranta,
7 Sràid Sheumais, Steòrnabhagh, Leòdhas.

Na dealbhan le Julie Park.

Deilbhte agus dèanta le Acair Earranta.

Chuidich Comhairle nan Leabhraichean na foillsichearan
le cosgaisean an leabhair seo.

LAGE/ISBN 0 86152 196 X

Ro-ràdh

'S e **Mo Chiad Fhaclair** a' chiad fhaclair airson cloinn ann an sgoiltean Gàidhlig.

'S e na faclan a tha ann **Mo Chiad Fhaclair** an fheadhainn as trice a bhios a' tachairt ri cloinn nan leughadh agus a bhios iad a' cleachdadh ann an sgrìobhadh agus còmhradh.

Faodar **Mo Chiad Fhaclair** a chleachdadh airson faighinn a-mach ciamar a tha facal air a litreachadh no dè a tha e a' ciallachadh. Bidh e gu h-àraidh feumail gus sgilean faclair a theagasg don chloinn.

Tha na faclan air am mìneachadh an dòigh shoilleir, shìmplidh agus glè thric tha eisimpleir ann air mar a tha am facal air a chleachdadh.

Tha na dealbhan dathte agus tarraingeach. Cuidichidh iad a' chlann gus faclan aithneachadh agus am brìgh fhaighinn.

Faisg air 1,000 facal cinn ann an dath le mìneachadh sìmplidh.

Eisimpleir air seantanasan gus brìgh nam facal a dhèanamh soilleir.

Liosta de fhaclan feumail a bhios sinn a' cleachdadh tric ann an sgrìobhadh ach aig nach eil feum air mìneachadh.

Mar a chaidh Mo Chiad Fhaclair a chur ri chèile

Chaidh am proiseact seo a chur air bhonn leis a' Bhuidheann airson na Gàidhlig sa Bhunsgoil (no PRG).

Chaidh **Mo Chiad Fhaclair** a sgrìobhadh le Moray Watson, le comhairle on Phroifeasair Dòmhnall Meek, Oilthaigh Obar-Dheathain agus an t-Ollamh Ron Fyfe agus Evelyn Mitchell aig Colaiste a' Chinn-a-Tuath.

Bha am proiseact air a stiùireadh le fo-bhuidheann de PRG: Dòmhnall Iain MacLeòid (Cathair), Anna Dhòmhnallach, Martion NicIosaig.

Tha am faclair air fhoillseachadh le PRG agus Acair.

Cuspairean

Duilleagan de dhealbhan dathe agus faclan air cuspairean àraidh.

Thu Fhèin
Aodach
Biadh
Beathaichean
Beathaichean Fiadhaich
Siubhal
An Uair/Lathaichean
Miosan/Na Raithean
Aireamhan
Cumaidhean/Dathan
Faclan Cumanta
Faclan Feumail

àireamh

(an àireamh, na h-àireamhan)
Bidh tu a' cunntadh le **àireamhan**.
Is iad seo beagan de na
h-**àireamhan**: aon, dhà, trì ...

air falbh

Nuair nach eil thu an seo, tha thu
air falbh.
Cha robh Iain anns an sgoil an-diugh.
*Bha e **air falbh** air làithean-saora.*

abhaist

Nuair a bhios tu a' dèanamh an
aon rud tric, is **àbhaist** dhut a
dhèanamh.

airgead   (an t-airgead)

Bidh tu a' reic no a' ceannach
rudan le **airgead**. Tha dà sheòrsa
airgid ann: buinn mar 5sg, 10sg,
20sg agus pìosan pàipeir mar £5,
£10.

adhar   (an t-adhar)

Speur. *Tha sgòthan anns an **adhar**.*

àite   (an t-àite, na h-àiteachan)

Far a bheil rud. Far a bheil thu
a' fuireach. Rùm. Taigh. Baile.
Tìr. Eilean.
*'S e **àite** brèagha a tha an seo.*

ainm

(an t-ainm, na h-ainmean)
Tha ainmean air a h-uile duine gus
am bi fios againn cò air a tha sinn
a' bruidhinn.
'S e Iain an t-ainm a tha air
a' bhalach sin.
*Dè an t-**ainm** a tha ort fhèin?*

aithneachadh   (dh'aithnich)

Nuair a tha fios agad cò a tha ann
an duine, tha thu ga
aithneachadh. Nuair a tha thu
eòlach air nighean, tha thu ga
h-**aithneachadh**.

4

àm   (an t-àm, na h-amannan)
Uair. Tìm.
Ràinig sinn an sgoil aig an aon àm.

---

a-mach

Ma tha thu a' dol **a-mach**, tha thu
a' dol à àite.
Chaidh i a-mach às an taigh.

---

a-màireach

An latha an dèidh an-diugh.

---

amhach

   (an amhach, na h-amhaichean)
Pàirt den chorp. Tha d' **amhach**
eadar do cheann agus do
ghuailnean.

am measg

Nuair a tha rudan no daoine
timcheall ort, tha thu **nam measg**.
Tha Iain am measg a chàirdean.

---

a-muigh

Nuair a tha thu **a-muigh**, chan eil
thu a-staigh.
*Chaidh Màiri a-mach agus tha i a-nis
a-muigh.*

---

a-nall

Ma tha thu a' tighinn **a-nall**, tha
thu a' tighinn chun an àite seo.

---

an-còmhnaidh

Daonnan. Gach uair. A h-uile
turas.

---

an-dè

An latha ron latha seo.

an-diugh
An latha a tha ann an-dràsta.

---

an-dràsta
Aig an àm seo.
Càite bheil Seonaidh?
*'Tha e a' cluich na rùm **an-dràsta**.'*

---

a-nise
Aig an àm seo.
*Bha mi a' fuireach ann am Peairt, ach tha mi a' fuireach ann am Barraigh **a-nise**.*

---

a-nochd
An oidhche seo.

a-nuas
*Bha thu shuas an siud, ach tha thu a' tighinn **a-nuas**.*

a-null
Ma tha thu a' dol **a-null**, tha thu a' dol dhan àite ud.
Càite bheil thu a' dol?
'Tha mi a' dol a-null air an drochaid.'

---

aodach   (an t-aodach)
Rudan mar briogais, sgiorta, lèine, seacaid agus còta.
Bidh tu a' cur ort d' **aodach** anns a' mhadainn.

aodann

(an t-aodann, na h-aodainn)
Pàirt den chorp. Tha d' **aodann** air do cheann. 'S e sin am pàirt far a bheil do shùilean, do shròn agus do bheul.

---

aois   (an aois, na h-aoisean)
Ma tha thu deich bliadhna, 's e sin d' **aois**.
*Tha mise ochd agus tha Màiri sia. Dè an **aois** a tha thusa?*

---

aosta   (nas sine, nas aosta)
Sean.
Tha mise òg ach tha mo sheanmhair aosta. Tha ise trì fichead.

---

aotrom   (nas aotruime)
Ma tha rud **aotrom**, chan eil e trom. Tha e furasta a thogail.
*Tha ite **aotrom**.*

---

a-raoir
An oidhche ron seo. An oidhche a chaidh seachad.

àrd   (nas àirde)
Tha thu **àrd** ma tha thu fada. Tha beanntan **àrd**.
*Tha Beinn Nimheis **àrd**.*

---

a-rithist
Nuair a tha thu a' dèanamh rud uair eile, tha thu ga dhèanamh **a-rithist**.

---

a-staigh
Anns an taigh, no anns an rùm.

---

a-steach
Ma tha thu a' dol dhan taigh, tha thu a' dol **a-steach**.
Bha mi anns a' ghàrradh ach thàinig mi a-steach.

---

athair   (an t-athair)
Fear le clann. Dadaidh.

baga   (am baga, na bagaichean)
Bidh tu a' toirt do leabhraichean
dhan sgoil ann am **baga**.

baidhsagal

   (am baidhsagal, na baidhsagalan)
Tha dà roth air **baidhsagal**. Bidh tu
a' falbh air **baidhsagal** airson spòrs.

baile   (am baile, na bailtean)
Nuair a tha taighean faisg air a
chèile, 's e **baile** a tha ann an sin.

bainne   (am bainne)
Deoch gheal a tha a' tighinn bho bò.
Bidh tu a' cur **bainne** ann an tì no ann
an cofaidh.

balach   (am balach, na balaich)
Fear òg. Gille.

ball   (am ball, na buill)
Rud cruinn a bhios tu a' breabadh
no a' tilgeil nuair a tha thu
a' cluich.

balla

   (am balla, na ballaichean)
Tha **balla** air gach taobh den rùm.
'S e taobh an rùm a tha ann am
balla.

bana-bhuidseach

(a' bhana-bhuidseach, na bana-bhuidsichean)

Bidh **bana-bhuidsichean** ann an sgeulachdan Oidhche Shamhna. Tha a' **bhana-bhuidseach** grànda agus bidh aodach dubh oirre. Bidh ad dhubh, bhiorach oirre agus bidh i a' falbh anns an adhar air bruis mhòr. Tha cat dubh aig **bana-bhuidsich** agus bidh i a' dèanamh rudan dona.

banaltram   (a' bhanaltram)

Nurs. Bidh **banaltram** a' coimhead às do dhèidh anns an ospadal nuair a tha thu tinn.

banca

(am banca, na bancaichean)

Bidh daoine a' cumail airgead ann am **banca**.

bàrdachd   (a' bhàrdachd)

'S e seòrsa de sgrìobhadh a tha ann am **bàrdachd**. Tha rannan ann agus tha na facail a' ruith ann an dòigh bhrèagha.

bàrr   (am bàrr)

Mullach rud.
Bàrr a' bhalla.

barrachd

Pàirt nas motha.
Ma tha nas motha aig duine eile na tha agadsa, tha **barrachd** aige.
*Tha **barrachd** grèine ann as t-samhradh.*

bàsachadh   (bhàsaich)

Nuair a **bhàsaicheas** rud, tha e marbh. Ma tha rud a' sgur a bhith beò, tha e a' **bàsachadh**.
Bhàsaich a' bhò.

basgaid

(a' bhasgaid, na basgaidean)

Faodaidh tu rudan a chur ann am **basgaid**.

bàta (am bàta, na bàtaichean)
Eathar. Bidh **bàta** a' seòladh air an
uisge.

beinn (a' bheinn, na beanntan)
Cnoc àrd. Bidh daoine a' streap
nam **beanntan**.

beò
Ma tha rud **beò**, chan eil e marbh.
Tha daoine, beathaichean agus
lusan **beò**.

beul (am beul, na beòil)
Pàirt den chorp. Tha do **bheul** air
d' aodann. Tha fiaclan agus
teanga nad **bheul** agus tha bilean
air do **bheul**. Nuair a tha thu ag
ithe, bidh tu a' cur biadh nad
bheul.

Beurla (a' Bheurla)
'S e cànan a tha anns a' **Bheurla**.
Ma tha **Beurla** aig daoine, bidh iad
ag ràdh facail **Bheurla** nuair a tha
iad a' bruidhinn. Tha **Beurla** aig
daoine ann am Breatainn,
Ameireaga, Canada, Astràilia agus
ann an àiteachan eile.

bheir
*Tha mi a' dol dhan sgoil. **Bheir** mi*
mo bhaga leam.
*Chan eil peansail agam ach **bheir** an*
tidsear fear dhomh.

bhidio
  (a' bhidio, na bhideiothan)
Faodaidh tu prògram telebhisean a
chumail air a' **bhidio**. Ma tha
prògram no film agad air **bhidio**,
faodaidh tu coimhead ris aig àm
sam bith.

biadh (am biadh)
'S e **biadh** a tha ann am feòil,
buntàta, measan agus glasraich.
Bidh tu ag ithe **biadh** oir tha e
math dhut.

biorach (nas bioraiche)
Ma tha rud **biorach**, tha e geur aig
a' cheann.
*Tha gob a' pheansail **biorach**.*

blas   (am blas, na blasan)
Tha **blas** air a h-uile rud a bhios tu
ag ithe. Gheibh thu **blas** le do
theanga.
*Ma tha **blas** math air biadh, is toigh
leam e.*

---

blàth   (nas blàithe)
Ma tha rud **blàth**, chan eil e fuar.
Tha i **blàth** nuair a tha a' ghrian
ann.
*Tha mi **blàth** oir tha mi faisg air an
teine.*

---

bliadhna
 (a' bhliadhna, na bliadhnaichean)
Uine fhada. Dà mhios dheug.

---

bloca
 (am bloca, na blocaichean)
Cruth de fhiodh no plastaig. Bidh
tu a' cluich le **blocaichean**.
Faodaidh tu rudan a dhèanamh le
blocaichean.

bò   (a' bhò)
Beathach mòr. Bidh a' **bhò** ag ithe
feur anns an achadh.
Bidh sinn ag òl bainne na **bà**.

---

bobhla
 (am bobhla, na bobhlaichean)
Bidh daoine ag ithe brot agus lite
agus rudan eile à **bobhla**.
Tha **bobhla** mar truinnsear ach tha
e domhainn.

bochd   (nas bochda)
1. Tha thu **bochd** mura bheil
airgead agad.
2. Tha thu **bochd** ma tha thu tinn.
Ciamar a tha thu?
*'Tha mi **bochd**. Tha an cnatan orm.'*

---

bodach
 (am bodach, na bodaich)
Fear a tha sean.

---

bodhar   (nas buidhre)
Nuair a tha thu **bodhar**, chan
urrainn dhut cluinntinn gu math.

bog (nas buige)
Ma tha rud **bog**, chan eil e cruaidh.
*Tha ìm **bog** agus tha càise cruaidh.*

bogha-froise
  (am bogha-froise)
Chì thu **bogha-froise** nuair a tha
an t-uisge agus a' ghrian ann aig
an aon àm. Tha mòran dhathan
anns a' **bhogha-froise** agus tha e
bòidheach.

bogsa
  (am bogsa, na bogsaichean)
Faodaidh tu rudan a chumail ann
am **bogsa**.
*Tha na tòidhs agam ann am **bogsa**.*

bòidheach (nas bòidhche)
Alainn. Brèagha. Snog.
*Nach eil na flùraichean **bòidheach**
an-diugh!*

boireannach
  (am boireannach,
  na boireannaich)
Nuair a tha nighean air fàs suas,
tha i na **boireannach**.
*Tha mo mhàthair na **boireannach**.*

bonn (am bonn, na buinn)
1. Pìos airgid mar 5sg, 10sg, 20sg.
Tha **buinn** air an dèanamh de
mheatailt.
2. Am pàirt as ìsle de rud.
Bonn na duilleig.

bòrd (am bòrd, na bùird)
Tha casan air **bòrd** agus mullach
còmhnard. Bidh tu a' suidhe aig
a' **bhòrd** nuair a tha thu ag obair
no ag ithe.

botal (am botal, na botail)
Soitheach glainne no plastaig.
Bidh daoine a' cumail deochan ann
am **botail**.
  Botal bainne.

bracaist (a' bhracaist)
Bidh tu ag ithe do **bhracaist** anns
a' mhadainn. 'S e a' chiad biadh a
bhios tu ag ithe gach latha.

bràthair

(am bràthair, na bràithrean)
Ma tha balach anns an teaghlach
agad, tha **bràthair** agad.

---

breabadh (bhreab)
Ma tha thu a' **breabadh** rud, tha
thu ga bhualadh le do chas.

---

brèagha (nas brèagha)
Snog. Alainn. Bòidheach.
*Tha latha **brèagha** ann an-diugh!*

---

breith (rug)
1. Ma tha thu a' **breith** air rud,
tha thu ga ghlacadh.
***Rug** mi air a' bhall.*
2. *Bidh na h-eòin a' **breith** uighean
as t-earrach.*

---

briogais

(a' bhriogais, na briogaisean)
Seòrsa de aodach a thèid bho do
mheadhan ann an dà phàirt sìos
air do chasan.

briosgaid

(a' bhriosgaid, na briosgaidean)
Seòrsa de chèic bheag chruaidh.
Bidh daoine ag ithe **briosgaidean**
nuair a tha iad ag òl cupa teatha.

---

briseadh (bhris)
Ma **bhriseas** tu rud, chan obraich e.
*Thuit an cupa agus **bhris** e.*

bròg (a' bhròg, na brògan)
Bidh tu a' cur **brògan** air do chasan
airson an cumail blàth agus
tioram.

---

brònach (nas brònaiche)
Tùrsach. Duilich. Ma tha rud dona
a' tachairt dhut, bidh tu **brònach**.
Nuair a tha thu **brònach**, chan eil
thu toilichte.

---

brot (am brot)
Seòrsa de bhiadh. Bidh tu ag òl
brot. Tha e fliuch agus teth.
Nì thu brot le uisge agus bun-lusan
no glasraich.

bruidhinn (bhruidhinn)
Nuair a tha thu ag ràdh rud ri
duine, tha thu a' **bruidhinn** ris.

---

bruis (a' bhruis, na bruisean)
Tha iomadh seòrsa **bruis** ann. Bidh
tu a' cur d' fhalt ceart le **bruis**.
Bidh daoine a' peantadh le **bruis**.
Bidh tu a' glanadh d' fhiaclan le
bruis.

---

bualadh (bhuail)
Ma tha thu a' toirt buille do rud,
tha thu ga **bhualadh**.
*Bha na daoine a' sabaid agus bha iad
a' **bualadh** a chèile.*
***Bhuail** an t-eun anns an uinneig.*

---

bucaid
(a' bhucaid, na bucaidean)
Bidh daoine a' toirt uisge bho àite
gu àite ann am **bucaid**.
*Tha mi a' glanadh a' chàir. Thoir
thugam **bucaid** uisge.*

bucas (am bucas, na bucais)
'S e an aon rud a tha ann am
bucas agus **bogsa**. Faic **bogsa**.

---

buidhe (nas buidhe)
Dath na grèine. Dath a tha air ìm.
*Tha dreasa **bhuidhe** air Mòrag
an-diugh.*

---

bun-sgoil
(a' bhun-sgoil, na bun-sgoiltean)
Bidh tu a' dol dhan **bhun-sgoil**
nuair a tha thu ceithir no còig
agus sguiridh tu a dhol dhan **bhun-
sgoil** nuair a tha thu aon deug no
dhà dheug. Bidh tidsearan
a' teagasg mòran rudan dhut anns
a' **bhun-sgoil**.

---

buntàta (am buntàta)
Seòrsa de bhiadh. Tha **buntàta**
a' fàs anns an talamh agus bidh
daoine ga ithe.

---

bùth
(a' bhùth, na bùithtean,
na bùthan)
Aite far an ceannaich thu rudan.

caileag

(a' chaileag, na caileagan)
Nighean òg.
*Tha gillean agus **caileagan** anns a' chlas.*

cabhag   (a' chabhag)

Mura bheil mòran ùine agad, bidh **cabhag** ort.
*Tha **cabhag** orm oir tha mi fadalach airson na sgoile.*

---

càch

Na daoine eile.
*Dh'fhalbh Màiri agus Seonaidh ach dh'fhuirich **càch**.*

---

cadal   (chaidil)

Nuair a tha thu nad leabaidh, bidh tu a' dùnadh do shùilean agus a' **cadal**.
*Tha i sgìth. Tha i na **cadal**.*

---

cailc   (a' chailc, na cailcean)

Bidh an tidsear a' sgrìobhadh air a' bhòrd-dhubh le pìos **cailc**.

cailleach

(a' chailleach, na cailleachan)
Boireannach a tha glè aosta.

cailleach-oidhche

(a' chailleach-oidhche,
na cailleachan-oidhche)
Eun mòr a thig a-mach mar as trice air an oidhche. Tha sùilean glè mhòr aig a' **chaillich-oidhche**.

cairt   (a' chairt, na cairtean)
'S e pàipear tiugh no cruaidh a tha ann an **cairt**. Bidh tu a' cur **cairtean** gu daoine aig àm na Nollaig agus aig amannan eile.
Cairt Nollaig.
Fhuair mi ochd **cairtean** *air mo cho-là-bhreith.*

càise   (an càise)
Seòrsa de bhiadh. Mar as trice tha e buidhe agus tha e math air pìos arain.

Càisg   (a' Chàisg)
An t-àm den bhliadhna anns an tàinig Iosa air ais bho bhith marbh. Bidh a' **Chàisg** ann anns an earrach. Bidh clann ag ithe uighean teòclaid aig àm **na Càisge**.

càite?
Càite bheil thu a' dol?
'*Tha mi a' dol dhan sgoil.*'
Càite an robh do sheacaid?
'*Bha i anns an rùm eile.*'

càl   (an càl)
Seòrsa de bhiadh. 'S e glasraich a tha ann an **càl**. Mar as trice tha **càl** uaine.

call   (chaill)
Chaill mi mo pheann. Chan eil fhios agam càite bheil e.
Tha mi air **chall**. *Chan eil fhios agam càite bheil mi.*

cam   (nas caime)
Tha an loidhne seo dìreach ach tha an loidhne seo **cam**.

caman   (an caman, na camain)
Bata airson iomain no goilf a chluich.

camara

(an camara, na camarathan)
Rud airson dealbhan a thogail.

---

cànan   (a' chànan)

Nuair a tha daoine a' bruidhinn,
bidh iad a' bruidhinn ann an
cànan. 'S e **cànan** a tha anns
a' Ghàidhlig agus 's e **cànan** eile a
tha anns a' Bheurla.

---

caoineadh   (chaoin)

Ma tha thu brònach, bidh tu
a' **caoineadh**. Nuair a tha thu
a' **caoineadh**, tha thu a' gul no
a' rànaich agus bidh deòir
a' tighinn às do shùilean.

caol   (nas caoile)

Tha am balach seo reamhar
ach tha am balach seo **caol**.

caomh

*Is **caomh** leam suiteas. Is toigh leam
iad.*
*An **caomh** leat suiteas? Tha iad
math.*
*Bu **chaomh** leam a bhith a' cluich
geama.*

caora   (a' chaora, na caoraich)
Beathach. Bidh daoine a' faighinn
clòimh agus feòil bho **chaoraich**.

---

càr   (an càr, na càraichean)
Bidh daoine a' dràibheadh
càraichean air an rathad.

---

caraid

(an caraid, na caraidean)
Duine as aithne dhut agus as toigh
leat.
*Seo mo **charaid** Iain. Bidh sinn
a' cluich còmhla.*

---

carson?

Carson a dh'ith thu sin?
'Dh'ith mi e oir bha an t-acras orm.'
Carson a tha thu nad leabaidh?
*'Tha mi nam leabaidh oir tha mi
sgìth.'*

17

cas   (a' chas, na casan)
Pàirt den chorp. Bidh tu a' coiseachd
le do chasan. Tha dà **chas** air daoine.
Tha ceithir **casan** air cù, bò agus cat.

cat   (an cat, na cait)
Beathach beag le bian agus ceithir
casan. Bidh **cat** a' mialaich. Bidh
daoine a' cumail **cait** nam
peataichean.

cathair
   (a' chathair, na cathraichean)
Sèithear. Bidh tu a' suidhe air **cathair**.
Bidh **cathraichean** annsan taigh,
anns an sgoil agus ann an àiteachan
eile.

cead
Faodaidh tu rud a dhèanamh ma
tha **cead** agad a dhèanamh.
*Tha **cead** dràibhidh aig mo mhàthair.*

ceangal   (cheangail)
Ma tha thu a' **ceangal** rudan tha
thu gan cur ri chèile.
*Ceangail do bharraill. Ceangail an
cù ris a' phost.*

ceann   (an ceann, na cinn)
Pàirt den chorp. Tha do **cheann** air
d' amhach.
Tha d' aodann, d' fhalt agus do
chluasan air do **cheann**.
*Tha mo **cheann** goirt. Bhuail mi
mullach mo **chinn**.*

cearc   (a' chearc, na cearcan)
Seòrsa de eun. Bidh daoine ag ithe
uighean na **circe**.

cearcall
(an cearcall, na cearcaill)
Cumadh cruinn mar seo.

ceàrn
   (an ceàrn, na ceàrnaidhean)
An t-àite far a bheil dà loidhne
a' tighinn còmhla.

ceàrnag

(a' cheàrnag, na ceàrnagan)
Cumadh le ceithir taobhan a tha
co-ionann.

ceàrr

1. Rud nach eil ceart. Rud nach eil
fìor.
Tha an cur-ris seo **ceàrr**. *Feumaidh mi
a dhèanamh a-rithist.*
2. Clì. *Mo làmh cheàrr.*

ceart

1. Rud a tha fìor agus treagarrach.
$4 + 7 = 11$. *Tha sin* **ceart**.
2. Deas. *Mo làmh* **dheas**.

cèic   (a' chèic, na cèicean)
Seòrsa de bhiadh. Bonnach milis.
Bidh **cèic** *le coinnlean agam air mo
cho-là-breith.*

ceist   (a' cheist, na ceistean)
Nuair a tha thu a' faighneachd rud,
tha thu a' cur **ceist**.
Seo **ceistean**: *Dè an t-ainm a tha
ort? Cò às a tha thu? A bheil thu gu
math? An ann aig ochd uairean a
dh'èirich thu? Cò esan?*

ceò   (an ceò)
1. Uisge mìn sgòthach.
Bha **ceò** *tiugh anns a' bheinn agus
chaidh na daoine air chall.*
2. Toit às an teine.
Tha an teine air. Tha **ceò** *a' tighinn às
an t-similear.*

ceòl   (an ceòl)
Fuaim a bhios daoine a' dèanamh
le innealan mar giotàr, piàna,
drumaichean, trombaid. Òrain a
tha daoine a' seinn.

ceud
An àireamh

100

chaidh
Chaidh Mòrag dhan sgoil air a' bhus.
Chaidh m' athair a dh'obair.

chuala
Chuala mi òran math air an rèidio
an-dè. An **cuala** tusa e?
'Cha **chuala**.'

chunnaic
Chunnaic mi prògram air an
telebhisean a-raoir. Am **faca** tusa e?
"Chan **fhaca**.'

ciad   (a' chiad)
Am fear a tha ro chàch.
'S e am Faoilleach a' **chiad** mhios
anns a' bhliadhna.
Is mise a' **chiad** fhear a bha anns an
sgoil an-diugh.

Ciamar?
Ciamar a tha thu?
'Tha gu math.'
Ciamar a thàinig thu an seo?
'Thug mo mhàthair an seo mi.'

cia mheud?
Dè an àireamh de rudan?
Cia mheud sgillinn a tha ann an nota?
'Tha ceud sgillinn ann an nota.'
Cia mheud balach a tha anns
a' chlas an-diugh?
Cia mheud latha a tha ann an
seachdain?

cidhe
(an cidhe, na cidheachean)
Aite ri taobh an uisge far am bi am
bàta a' stad.

cidsin   (an cidsin, na cidsinean)
Rùm anns an taigh far am bi
daoine a' dèanamh biadh.

cinnteach (nas cinntiche)
Nuair a tha thu a' smaoineachadh nach urrainn dhut a bhith ceàrr, tha thu **cinnteach**.

cìr (a' chìr, na cìrean)
Bidh tu a' cur **cìr** tro d' fhalt gus am bi e sgiobalta.

ciste (a' chiste, na cisteachan)
Bogsa mòr.

ciùb (an ciùb, na ciùbaichean)
Cruth le sia taobhan ceàrnagach.

ciùin (nas ciùine)
Sèimh. Sàmhach. Socair.
*Tha am muir **ciùin**. Chan eil gaoth ann.*

clach (a' chlach, na clachan)
Tha **clachan** cruaidh agus trom.
Mar as trice tha iad cruinn agus glas.

cladach
(an cladach, na cladaichean)
Am pàirt den talamh a tha ri taobh na mara. Tha clachan agus gainmheach anns a' **chladach**.

clann (a' chlann)
Daoine òga.
*Tha leanaban, gillean agus nigheanan uile nan **clann**.*

clàr (an clàr, na clàir)
1. Bòrd.
2. Liosta de ainmean no liosta de uairean.

clas (an clas, na clasaichean)
A' chlann a tha anns an aon rùm anns an sgoil.

cleachdadh (chleachd)
Nuair a tha thu a' **cleachdadh** rud, tha thu a' dèanamh feum dheth.
*Tha mi a' **cleachdadh** peansail dearg airson sgrìobhadh.*

cleas   (an cleas, na cleasan)
1. Spòrs.
2. Rud èibhinn a nì thu air duine.

---

cleasachd
A' cluich.   Spòrs.

---

clì
Nuair a tha mi ag ithe, bidh mi a' cur forc nam làimh chlì agus sgian nam làimh dheas.

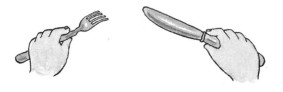

---

cluas   (a' chluas, na cluasan)
Bidh tu a' cluinntinn le do **chluais**. Tha do **chluasan** air dà thaobh do chinn.

cluasag
   (a' chluasag, na cluasagan)
Rud bog air am bi thu a' cur do cheann nuair a tha thu nad chadal anns an leabaidh.

---

cluich   (chluich)
1. Bidh tu a' **cluich** gèam. *Bha mi a' **cluich** ball-coise an-dè.*
2. Bidh tu a' **cluich** ceòl. *Bha Anna a' **cluich** a' phiàna.*

cluinntinn   (chuala)
Nuair a tha fuaimean a' tighinn tro do chluasan, tha thu a' **cluinntinn**.

cnàimh
   (an cnàimh, na cnàmhan)
Pàirt den chorp. Aon de na pìosan cruaidh a tha ann an corp dhaoine agus bheathaichean.
*'S toigh leis a' chù agam **cnàimh**.*

---

cnatan   (an cnatan, na cnatain)
Bidh tu tinn nuair a tha an **cnatan** ort. Bidh do shròn a' sileadh agus bidh d' amhach goirt agus bidh tu a' casadaich.

---

cnoc   (an cnoc, na cnuic)
Tha **cnoc** nas àirde na an talamh a tha timcheall air.

cò?

1. Cò thu?
'Is mise Iain.'
Cò leis a tha am peann seo?
'Is ann leamsa a tha e.'
2. Cò às a tha thu?
'Is ann à Dùn Eideann a tha mi.'

còcaireachd   (a' chòcaireachd)
A' dèanamh biadh.

cofaidh
(an cofaidh, na cofaidhean)
Deoch dhonn bhlàth.   Bidh tu
a' gabhail **cofaidh** ann an cupa.

coileach
(an coileach, na coilich)
Eun. Athair nan isean.
Bidh **coileach** a' gairm.

coilear (an coilear, na coilearan)
1. Am pàirt de lèine no geansaidh a
tha timcheall d' amhaich.
2. Rud a thèid air amhach coin.

coille   (a' choille, na coilltean)
Nuair a tha tòrr chraobhan a' fàs
còmhla, 's e **coille** a tha ann.

coimhead   (choimhead)
Nuair a tha thu airson rud
fhaicinn, bidh tu a' **coimhead**.

coimpiutar
(an coimpiutar, na coimpiutaran)
Bidh sinn a' cluich geamannan
agus a' sgrìobhadh le **coimpiutar**.
Tha **coimpiutaran** math air
cunntadh cuideachd.

coineanach
(an coineanach, na coineanaich)
Rabaid. Beathach le cluasan fada a
bhios a' ruith glè luath.
Tha còta bian air **coineanach**.

còir   (nas còire)
Coibhneil. Gasta. Laghach.
*Thug e dhomh airgead. Tha e **còir**.*

coire   (an coire, na coirichean)
Bidh tu a' cur uisge anns a' **choire**
airson a dhèanamh teth.
*Cuir air an **coire** agus gabhaidh sinn
cupa tì.*

23

coiseachd   (choisich)
A' gluasad air do chasan. Nuair a
tha thu a' **coiseachd** chan eil thu
a' dol glè luath.

---

co-là-breith   (an co-là-breith)
An latha den bhliadhna anns an
do rugadh tu.
*Air mo **cho-là-breith** am bliadhna,
fhuair mi seachd cairtean agus
prèasantan.*

---

cola-deug   (a' chola-deug)
Dà sheachdain.

coltach   (nas coltaiche)
Nuair a tha dà rud den aon
chumadh, tha iad **coltach** ri chèile.
*Tha an dà bhràthair ud **coltach** ri
chèile. Tha falt bàn orra, agus tha
sùilean uaine annta.*

---

comharra

   (an comharra, na comharran)
Puing no cruth a tha a' sealltainn
rudeigin. Seo **comharran**: , . ? ! " * & √

còmhla
Le. Cuide ri.
*Bha mi a' cluich **còmhla** ri mo
charaid.*

---

còn   (an còn, na cònaichean)
Cruth le bun cruinn agus ceann
biorach mar seo:

---

copan   (an copan, na copain)
An aon rud ri **cupa**. Faic **cupa**.

---

còrd   (chòrd)
Ma tha rud a' **còrdadh** riut, tha e
gad dhèanamh toilichte.
*Is toigh leam am prògram telebhisean
seo. Tha e a' **còrdadh** rium.*

còrr   (an còrr)
An rud a tha air fhàgail.
Am faigh mi cupa tì eile? 'Tha mi
*duilich. Chan eil **an còrr** ann.'*

---

corrag
   (a' chorrag, na corragan)
Na meuran air do làimh.

---

cosg   (chosg)
1. Nuair a tha thu a' ceannach
rudan, bidh tu **a' cosg** airgid.
2. Prìs rud. *Dè tha sin a' cosg?*
3. Nuair nach eil an còrr de rud air
fhàgail, tha e air **cosg**.
Chosg na briosgaidean. Cò a dh'ith
iad?

còta   (an còta, na còtaichean)
Seòrsa de aodach. Bidh tu a' cur
còta ort airson do chumail blàth
agus tioram.

---

craiceann   (an craiceann)
An stuth tana a tha air taobh
a-muigh do chorp. Ma ghearras tu
do **chraiceann**, thig fuil a-mach.

craobh
   (a' chraobh, na craobhan)
Seòrsa de lus glè mhòr.

cridhe
   (an cridhe, na cridheachan)
Tha do **chridhe** nad bhroilleach.
Bidh do **chridhe** a' cur fuil gu gach
pàirt de do chorp.

---

crìochnachadh   (chrìochnaich)
Nuair a tha thu deiseil de rud a
dhèanamh, tha thu air a
chrìochnachadh.

---

crodh   (an crodh)
Barrachd air aon bhò.

---

cron   (an cron)
Nuair a tha thu a' dèanamh rud
dona, tha thu a' dèanamh **cron**.
Nuair a tha thu a' briseadh rud, tha
thu a' dèanamh **cron**.

---

crosta   (nas crosta)
1. Fiadhaich. Feargach. Tha thu
crosta nuair a tha fearg ort.
2. Mì-mhodhail.

cruaidh (nas cruaidhe)
Ma tha rud **cruaidh**, chan eil e bog.
Tha clachan **cruaidh** agus tha
meatailt **cruaidh**.

---

crùbag
  (a' chrùbag, na crùbagan)
Seòrsa de phortan. Tha crùbag beò
aig oir na mara no anns a' mhuir.
Tha druim cruaidh
air **crùbag** agus tha
deich casan oirre.

---

cruinn (nas cruinne)
Le cruth mar cearcall.

---

cruinneachadh (chruinnich)
Cuir rudan no daoine còmhla.

---

cù (an cù, na coin)
Beathach le ceithir casan
a bhios daoine a' cumail
mar peata agus airson obair. Tha
cù nas motha na cat.

---

cuairt (a' chuairt, na cuairtean)
Turas.
*Tha mi a' dol **cuairt** sìos an rathad.*

---

cuan (an cuan, na cuantan)
Tòrr mòr uisge. Am muir.
*Bidh bàta a' seòladh air a' **chuan**.*

cucair (an cucair, na cucairean)
Tha an **cucair** anns a' chidsin.
Bidh tu a' dèanamh biadh air
a' **chucair**.

---

cuibhle
  (a' chuibhle, na cuibhleachan)
Rud cruinn a bhios a' dol mun
cuairt. Tha ceithir **cuibhleachan**
air càr agus tha dà **chuibhle** air
baidhsagal.

---

cuid (a' chuid)
Pàirt.

---

cuideachadh (chuidich)
*Cha b' urrainn dha a dhèanamh, ach
chuidich mi e agus rinn sinn e còmhla.*

---

cuideachd
Tha mise a' dol cuairt.
*'Tha mise a' tighinn **cuideachd**.'*

cuideam

(an cuideam, na cuideaman)
Cho trom is a tha rud.
*Dè un **cuideam** a tha ann?*

---

cuideigin

Neach. Duine.

---

cuilean

(an cuilean, na cuilein,
na cuileanan)
Cù òg.

---

cuin?

Cuin a thàinig thu an seo?
'Thàinig mi an seo aig trì uairean.'

cumail (chùm)

Fhad 's a tha rud agad, tha thu ga
chumail.
An cùm thu seo airson mionaid?
*'**Cumaidh**.'*

cunntadh (chunnt)

1. **Cunnt** suas gu deich.
*'Aon, dhà, trì, ceithir,
còig, sia, seachd, ochd,
naoi, deich.'*
2. Nuair a tha thu a' cur àireamhan
ri chèile, tha thu a' **cunntadh**.

cupa (an cupa, na cupannan)
Bidh tu ag òl tì is cofaidh is rudan
mar sin à **cupa**.

---

cur-ris (chuir-ris)

A' cunntadh.
Cuir trì **ri** ceithir. 3 + 4 = 7

---

cur-seachad

(an cur-seachad,
na cur-seachadan)
Rud a bhios tu a' dèanamh airson
an tìde a chur seachad.
*Dè na **cur-seachadan** a tha agad?*
*'Ball-coise, a' dèanamh dealbhan agus
a' leughadh.'*

damhan-allaidh
(an damhan-allaidh,
na damhain-allaidh)
Rud beag beò le ochd casan. Bidh
damhan-allaidh a' dèanamh lion
airson cuileagan a ghlacadh.

dachaigh
(an dachaigh, na dachaighean)
An taigh anns a bheil thu
a' fuireach.

Dadaidh
Am fear anns an teaghlach.
D' athair.
Thuirt **Dadaidh** *gu bheil sinn a' dol*
gu ball-coise.

dannsa   (dhanns)
Bidh tu a' gluasad ri ceòl nuair a tha
thu a' **dannsa**.

daoine   (na daoine)
Barrachd air aon duine.

daor   (nas daoire)
Ma tha rud **daor** tha e a' cosg
mòran airgead.

dall   (nas doille)
Ma tha thu **dall**, chan eil thu
a' faicinn rud sam bith.
Tha am fear ud **dall** *oir chan eil e*
a' faicinn.

dàrna   (an dàrna)
'S e aon a' chiad àireamh, agus 's e
a dhà an **dàrna** àireamh.
Thàinig a' chiad fhear agus an uair sin
thàinig an **dàrna** *fear.*

dath   (an dath, na dathan)
'S iad buidhe, gorm, dearg, uaine,
purpaidh, pinc, orains, dubh, donn,
geal agus glas feadhainn de na
dathan.

deagh   (nas fheàrr)
Deagh = math
Deagh rud = rud math

dealan-dè
   (an dealan-dè, na dealain-dè)
Rud beag beò le sgiathan mòra air
a bheil dathan brèagha. Chì thu
dealain-dè air dìtheanan anns
a' ghàrradh as t-samhradh.

dealbh
   (an dealbh, na dealbhan)
Bidh daoine a' tarraing **dealbhan**,
a' peantadh **dealbhan** agus
a' togail **dealbhan** le camara.

dèanamh   (rinn)
*Dè tha thu a' **dèanamh**?*
*'Tha mi a' **dèanamh** m' obair-sgoile.'*
*Tha Mamaidh a' **dèanamh** cèic.*

dearg   (nas deirge)

An dath a tha air fuil. Dath ròis.
*Tha càr **dearg** aig màthair Dhòmhnaill.*

deàrrsadh   (dheàrrs)
Nuair a tha solas a' tighinn o rud,
tha e a' **deàrrsadh**.
*Tha a' ghrian a' **deàrrsadh**.*

dèideag
   (an dèideag, na dèideagan)
Tòidh. Rud leis am bi thu a' cluich.

deiseil   (nas deiseile)
Ullamh. Ma tha thu **deiseil**, is
urrainn dhut rud a dhèanamh
anns a' bhad.
Greas ort! Tha sinn a' falbh.
*'Fuirich. Chan eil mise **deiseil**.'*

deoch   (an deoch, na deochan)
Bidh tu ag òl **deoch**. 'S e deoch a
tha ann am bainne, tì agus sùgh
orainseir.

dh' Facail a' toiseachadh le **dh'**

Dh'**aithnich** (faic **aithneachadh**)
Dh'aithnich mi an nighean nuair a thàinig i a-steach.

Dh'**èigh** (faic **èigheachd**)
Dh'èigh Mòrag ris a' chaileig a bha fada air falbh bhuaipe.

Dh'**èirich** (faic **èirigh**)
Dh'èirich mi aig ochd uairean sa mhadainn.

Dh'**èisd** (faic **èisdeachd**)
Dh'èisd mi ris an tidsear oir bha an sgeulachd math.

Dh'**fhàg** (faic **fàgail**)
Dh'fhàg mi mo bhaga-sgoile aig an taigh.

Dh'**fhaighnich** (faic **faighneachd**)
Dh'fhaighnich mi ceist den tidsear.

Dh'**fhalaich** (faic **falach**)
Dh'fhalaich Iain am ball.

Dh'**fhalbh** (faic **falbh**)
Dh'fhalbh mi dhachaigh tràth.

Dh'**fhan** (faic **fantainn**)
Dh'fhan Anna aig an sgoil gus an tàinig a màthair.

Dh'**fhàs** (faic **fàs**)
Dh'fhàs an lus anns a' ghàrradh.

Dh'**fheuch** (faic **feuchainn**)
Dh'fheuch Tormod air a' cheist ach cha b' urrainn dha a freagairt.

Dh'**fhosgail** (faic **fosgladh**)
Dh'fhosgail an doras agus thàinig an tidsear a-steach.

Dh'**fhuirich** (faic **fuireach**)
Dh'fhuirich mi a-staigh nuair a bha mi tinn.

Dh'**iarr** (faic **iarraidh**)
Dh'iarr mi air Iain an doras fhosgladh.

Dh'**innis** (faic **innse**)
Dh'innis mi dhut m' ainm mu thràth.

Dh'**ionnsaich** (faic **ionnsachadh**)
Dh'ionnsaich mi cur-ris an-diugh.

Dh'**ith** (faic **ithe**)
Dh'ith mi mo bhracaist.

Dh'**obraich** (faic **obair**)
Dh'obraich an càr a-rithist nuair a chuir Mamaidh ceart e.

Dh'**òl** (faic **òl**)
Dh'òl mi an deoch.

dhachaigh
A' dol **dhachaigh** = a' dol dhan
taigh far a bheil thu a' fuireach.
*Bidh mi a' dol **dhachaigh** air a' bhus
às an sgoil.*

---

dha-rìribh
Ma tha rud math **dha-rìribh**, tha e
uabhasach math.

---

dìneasar
   (an dìneasar, na dìneasaran)
Beathach glè mhòr a bha beò o
chionn milleanan de bhliadhnaichean.
Chan eil dìneasaran ann a-nise.

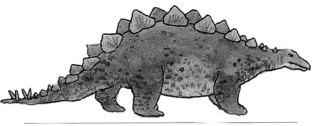

dìnnear
   (an dìnnear, na dìnnearan)
Am biadh mòr a bhios tu ag ithe
aon turas gach latha.

dìreach   (nas dìriche)
Tha an loidhne seo cam ach tha an
loidhne seo **dìreach**.

---

dìthean
   (an dìthean, na dìthein,
   na dìtheanan)
Flùr. Seòrsa de lus le ceann
brèagha dathte.
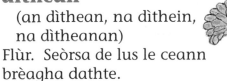

dòigh   (an dòigh, na dòighean)
Mar a tha rud air a dhèanamh.

---

dol   (chaidh)
A' falbh o aon àite gu àite eile.
*Càite bheil thu a' **dol**?*
*'Tha mi a' **dol** dhan phàirc.'*

---

dona   (nas miosa)
Ma tha rud **dona**, chan eil e math
no ceart.
*Bhuail am balach i. 'S e rud **dona** a
rinn e.*

---

doras   (an doras, na dorsan)
Rud anns a' bhalla a bhios a' fosgladh
gus an tèid thu a-mach agus a-steach.
Fosgail an doras!

dorcha   (nas duirche)
Tha e **dorcha** nuair nach eil mòran
solais ann. Tha an dath dubh
dorcha.

---

dràibheadh   (dhràibh)
Nuair a tha thu a' **dràibheadh**, tha
thu a' falbh le càr, bus no làraidh.

31

dreasa

(an dreasa, na dreasaichean)
Seòrsa de aodach airson nighean
no boireannach. Tha **dreasa** a' dol
sios bhon amhach agus tha pàirt
fon mheadhan a tha mar sgiorta.

---

droch   (nas miosa)

Droch rud = rud dona.
*Tha **droch** latha ann! Uisge agus
gaoth!*

---

drochaid

(an drochaid, na drochaidean)
Rud a tha air a thogail gus am
faigh thu tarsainn air abhainn.
Tha ceann den **drochaid** air gach
taobh den abhainn.

---

druim

(an druim, an dromannan)
Am pàirt de do chorp a tha air do
chùlaibh.

---

dubh   (nas duibhe)

Dath dorcha. Tha gual **dubh**.

duilich   (nas duilghe)

1. Ma tha rud **duilich**, chan eil e
furasta.
*Cha b' urrainn dhomh a dhèanamh.
Bha e ro **dhuilich**.*
2. Ma tha thu **duilich**, tha thu air
rud dona a dhèanamh agus
b' fheàrr leat nach do rinn thu e.
*Bhris mi an uinneag ach tha mi
duilich.*

---

duilleag

(an duilleag, na duilleagan)
1. Pàirt de chraoibh. As t-samhradh
tha na **duilleagan** uaine ach as
t-fhoghar bidh iad a' fàs donn agus
bidh iad a' tuiteam bhon chraoibh.
2. Pàirt de leabhar. Tha **duilleag**
ann an leabhar tana agus mar as
trice geal. Tha na facail air an
sgrìobhadh air an **duilleig**.

---

duine   (an duine, na daoine)

1. Neach. Fear no boireannach,
balach no nighean.
2. Fear.

---

dùsgadh   (dhùisg)

Nuair a tha thu a' **dùsgadh**, tha
thu a' tighinn air ais bho bhith nad
chadal. Bidh tu a' fosgladh do
shùilean agus ag èirigh às do
leabaidh nuair a **dhùisgeas** tu anns
a' mhadainn.

èadhar   (an èadhar)
'S e gasan a tha ann an **èadhar**.
Tha an **èadhar** gar cumail beò.
Tha i timcheall oirnn fad na h-ùine
ach chan urrainn dhuinn a faicinn.

---

earball
  (an t-earball, na h-earbaill)
Pàirt caol fada air corp beathaichean
mar coin, cait agus eich. Bidh cù
a' crathadh **earball** nuair a tha e
toilichte.

---

each   (an t-each, na h-eich)
Beathach mòr le ceithir casan.
Bidh **eich** a' ruith agus a' leum
agus tha iad a' fuireach ann an
achadh. Bidh daoine a' falbh air
eich.

earrach   (an t-earrach)
An Gearran, am Màrt 's an Giblean.
Pàirt den bhliadhna anns am bi
flùraichean agus lusan a' tòiseachadh
a' fàs. Bidh na h-eòin a' dèanamh
neadan anns an **earrach**.

eadar
Ann am meadhan dà rud. Ma tha
thu ann an àite le rudan air gach
taobh, tha thu **eadar** na rudan.
*Bha Iain air an dàrna taobh agus bha
Mòrag air an taobh eile. Bha mise*
eatarra.

---

eadar-dhealaichte
Tha dà rud **eadar-dhealaichte**
mura bheil iad coltach ri chèile.

eathar
  (an t-eathar, na h-eathraichean)
Seòrsa bàta.

èibhinn   (nas èibhinne)
Tha rud **èibhinn** ma tha e a' toirt gàire ort.
Seo fealla-dhà a tha **èibhinn**:
Gnog! Gnog!
'Cò tha sin?'
Sebastian.
'Sebastian Cò?'
'S e. Ciamar a bha fhios agad?

èirigh   (dh'èirich)
Nuair a tha thu a' tighinn às do leabaidh, tha thu ag **èirigh**. Nuair a tha rud a' dol suas, tha e ag **èirigh**.
Dh'èirich mi tràth an-diugh.
Dh'èirich am plèan dhan adhar.

èigheachd   (dh'èigh)
Tha thu ag **èigheachd** ma tha thu ag ràdh rudan ann an guth cruaidh. Bidh daoine ag **èigheachd** nuair a tha fearg orra no nuair a tha iad a' bruidhinn ri daoine a tha fada air falbh.

èisdeachd   (dh'èisd)
Nuair a tha thu ag **èisdeachd** ri rud, tha thu a' feuchainn ri chluinntinn.
An cuala tu am prògram air an rèidio?
*'Bha an rèidio air, ach cha do **dh'èisd** mi ris.'*

eile
Rud no duine a bharrachd.
*Tha mi deiseil den leabhar seo. Am faigh mi fear **eile**?*

eun   (an t-eun, na h-eòin)
Rud beò le dà chas, dà sgiath agus itean. Bidh **eun** ag itealaich anns an adhar.

eilean
   (an t-eilean, na h-eileanan)
Tìr no àite a tha ann am meadhan uisge no muir. Tha uisge air gach taobh de **eilean**.

fada (nas fhaide)
Tha an loidhne seo goirid ▬
ach tha an loidhne seo **fada**.

———

Tha bliadhna nas **fhaide** na mios
ach tha mios nas **fhaide** na
seachdain.

---

fàgail (dh'fhàg)
1. A' falbh à àite. *Dh'***fhàg** *mi an
taigh aig seachd uairean.*
2. Mura bheil thu a' toirt rud leat,
tha thu ga **fhàgail**.
A bheil do pheansail agad?
'*Chan eil.* **Dh'fhàg** *mi aig an taigh e.'*

---

facal
   (am facal, na facail, na faclan)
'S e pàirt de chànan a tha ann am
facal. Tha litrichean ann am **facal**.
Tha **facail** ann an seantans. Seo
facail: eilean, càr, math, rinn ...

faclair
   (am faclair, na faclairean)
Leabhar mar an leabhar a tha thu
a' leughadh an-dràsta.
Tha liosta de fhacail ann agus tha
am **faclair** ag innse dhut mu na
facail a tha anns an liosta.

faiceallach
   (nas fhaiceallaiche)
Nuair a tha thu a' dèanamh rud
gun chabhag agus a tha thu
a' dèanamh cinnteach gu bheil a
h-uile rud ceart, tha thu
faiceallach.
Na bris an uinneag!
'*Cha bhris mi i. Bidh mi* **faiceallach**.'

---

faicinn (chunnaic)
Nuair a tha thu a' coimhead air
rud, tha thu ga **fhaicinn**. Cha bhi
thu a' **faicinn** dad nuair a tha do
shùilean dùinte.

faighinn   (fhuair)
Nuair a tha thu a' **faighinn** rud,
tha e a' tighinn thugad agus tha
thu ga chumail.
Tha Mamaidh ag ràdh gum faigh mi
lèine ball-coise.

faighneachd   (dh'fhaighnich)
Nuair a tha thu a' **faighneachd**
rud, tha thu a' cur ceist. Nuair a
tha thu airson rud fhaighinn
a-mach, bidh tu a' **faighneachd**
ceist do chuideigin.

---

falamh   (nas fhalaimhe)
Tha àite **falamh** mura bheil rud
ann. Mura bheil càil anns
a' phreasa, tha e **falamh**.

fàinne
   (an fhàinne, na fàinneachan)
Cearcall meatailt a bhios daoine
a' cur air an corragan.

---

falbh   (dh'fhalbh)
A' dol air falbh bho àite.
Tha an sgoil seachad. Tha mise
a' falbh.

---

faisg   (nas fhaisge)
Ma tha rud **faisg** ort, chan eil e
fada air falbh.

---

fallain   (nas fhallaine)
Tha thu **fallain** ma tha thu gu
math. Mura bheil thu tinn, tha thu
fallain.

---

falach   (dh'fhalaich)
Tha thu a' **falach** nuair a tha thu
a' dol ann an àite far nach fhaic
duine eile thu.

---

falt   (am falt)
Tha d' **fhalt** a' fàs air do cheann.
Faodaidh d' **fhalt** a bhith goirid no
fada, bàn, donn, ruadh, dubh no
liath.

fantainn   (dh'fhan)
Fuireach. Feitheamh. Ma tha thu
a' **fantainn** ri duine, tha thu
a' fuireach gus an tig e.

---

faodaidh
Ma tha cead agad rud a
dhèanamh, **faodaidh** tu a
dhèanamh. Mura bheil duine
a' cur stad ort, **faodaidh** tu
rud a dhèanamh.

---

farmad   (am farmad)
Ma tha rud aig duine a bha thusa
ag iarraidh agus nach eil thu
toilichte gu bheil e aige, tha
farmad agad ris.

---

farsaing   (nas fharsainge)
Ma tha rud mòr bho thaobh gu
taobh, tha e **farsaing**.

---

fàs   (dh'fhàs)
1.   Nuair a tha rud a' dol bho bhith
beag gu bhith mòr, tha e a' **fàs**.
*Tha thusa a' **fàs** mòr!*
2.   Nuair a tha rud a' dol bho bhith
ann an aon dòigh gu dòigh eile,
tha e a' **fàs**.
*Tha an latha a' **fàs** fuar.*
*Tha mi a' **fàs** sgìth.*

fasanta   (nas fhasanta)
Tha thu **fasanta** ma tha thu a' cur
ort aodach a tha coltach ris an
aodach a tha air a h-uile duine eile.

feadan
   (am feadan, na feadain)
Pìob bheag a bhios daoine a' cluich
airson ceòl a dhèanamh.

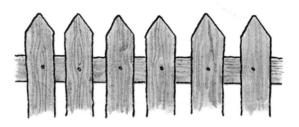

feansa
   (an fheansa, na feansaichean)
Rud a tha air a thogail airson
daoine a chumail a-mach no
beathaichean a chumail a-staigh.
Mar as trice tha **feansa** air
a dèanamh le fiodh agus uèir.

---

fear   (am fear, na fir)
1.   Nuair a tha balach air fàs suas,
tha e na **fhear**.
2.   Aon de rud.

feargach   (nas fheargaiche)
Fiadhaich. Crosta. Nuair a tha
daoine **feargach**, bidh iad ag
èigheachd no a' tilgeil rudan no
a' bualadh dhaoine eile.

---

feasgar

(am feasgar, na feasgair,
na feasgaran)
An dèidh meadhan-latha.

---

feòil   (an fheòil)
Tha **feòil** a' tighinn o bheathaichean.
Bidh daoine agus cuid de
bheathaichean ag ithe **feòil**.

---

feuchainn   (dh'fheuch)
Nuair a tha thu a' **feuchainn** ri rud
a dhèanamh, chan eil e furasta
dhut ach tha thu a' cumail a' dol
gus an dèan thu e.

---

feur   (am feur)
Tha **feur** uaine agus chì thu e
a' fàs anns a' phàirc no anns
a' ghàrradh.

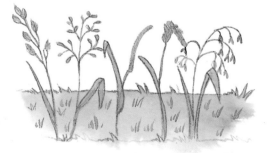

feusag

(an fheusag, na feusagan)
Falt a tha a' fàs air aodann fir.

---

fhuair
Ma **fhuair** thu rud, tha e agad a-nis
ach cha robh e agad roimhe.
*An d'**fhuair** thu suiteas?*
*'Cha d'**fhuair**. Chan eil suiteas
agam.'*

---

fiacail   (an fhiacail, na fiaclan)
Pàirt den chorp. Rud beag cruaidh
geal nad bheul. Bidh tu
a' cleachdadh d' **fhiaclan** nuair a
tha thu ag ithe.

---

fiadhaich   (nas fhiadhaiche)
Tha daoine **fiadhaich** nuair a tha
iad feargach. Tha an aimsir
fiadhaich nuair a tha stoirm ann.
Cha bhi beathaichean **fiadhaich**
air an cumail nam peataichean.

---

fìor   (nas fhìora)
Ceart. Ma tha rud **fìor**, chan eil e
ceàrr.

fios
'S e Iain an t-ainm a tha orm.
*'Tha **fios** agam gur e.'*
Cò às a tha an duine ud?
*'Chan eil **fhios** agam.'*

---

fliuch   (nas fliuiche)
Ma tha uisge air rud, tha e **fliuch**.
*Bha an t-uisge ann agus tha mi **fliuch** a-nise.*

---

flùr   (am flùr, na flùraichean)
Lus. Rud brèagha a tha a' fàs anns a' ghàrradh.
*Dè an seòrsa **flùr** a tha ann?*
''S e ròs a tha ann.'

---

foghar   (am foghar)
Pàirt den bhliadhna. An Lùnasdal, an t-Sultain agus an Dàmhair.
Anns an **fhoghar** bidh na duilleagan a' fàs ruadh agus a' tuiteam bho na craobhan.

fois   (an fhois)
Nuair a tha thu sgìth, bidh tu a' gabhail **fois**.
Nuair a tha **fois** ann, bidh rudan sàmhach.
*Sguir am fuaim. Tha **fois** againn a-nis.*

---

fòn   (am fòn, na fònaichean)
Bidh tu a' bruidhinn air a' **fòn** ri daoine a tha fada air falbh.

forc   (an fhorc, na forcaichean)
Rud meatailt airson biadh a thogail. Bidh tu ag ithe le **forc** agus sgian.

fosgladh   (dh'fhosgail)
Nuair a tha thu a' dol do rùm eile, bidh tu a' **fosgladh** an dorais.
Nuair a tha baga suiteas agad, bidh tu a' **fosgladh** a' bhaga airson suiteas a thoirt às.

fras (an fhras, na frasan)
Nuair a tha an t-uisge ann airson greiseag bheag, 's e **fras** a tha ann.

freagairt (fhreagair)
Nuair a tha duine a' faighneachd rud agus tha thu ga innse dha, tha thu ga **fhreagairt**.
Nuair a tha duine a' bruidhinn riut agus tha thu a' bruidhinn ris air ais, tha thu ga **fhreagairt**.

freumh
  (am freumh, na freumhaichean)
Am pàirt de lus a tha fon talamh.

fuaim (am fuaim, na fuaimean)
Rud a tha thu a' cluinntinn.

fuamhair
  (am fuamhair, na fuamhairean)
Duine uabhasach mòr ann an sgeulachd.

fuar (nas fhuaire)
Nuair nach eil e blàth, tha e **fuar**.
*Cuir air an teine. Tha e **fuar** a-staigh an seo.*
*Tha mise **fuar**. Tha mi a' cur orm seacaid.*

fuireach (dh'fhuirich)
Nuair a tha thu a' **fuireach** ann an àite, chan eil thu a' dol às an àite sin.

furasta (nas fhasa)
Soirbh. Ma tha rud **furasta**, chan eil e doirbh.

gabhail   (ghabh)
Nuair a tha thu a' **gabhail** rud, tha thu ga thoirt thugad agus ga chumail.
*Cha do **ghabh** mi mo bhracaist fhathast.*

---

gach
A h-uile.
***Gach** latha = a h-uile latha*

Gàidhealtachd
   (a' Ghàidhealtachd)
Pàirt de Alba. Tha Inbhir Nis air a' Ghàidhealtachd.

Gàidhlig   (a' Ghàidhlig)
Cànan a tha daoine ann an Alba a' bruidhinn.
Tha am faclair seo air a sgrìobhadh anns a' **Ghàidhlig**.

gainmheach
   (a' ghainmheach)
Tha **gainmheach** air an tràigh aig oir na mara. Mar as tricc tha i buidhe agus faodaidh tu cluich leatha.

---

gàirdean
   (a gàirdean, na gàirdeanan)
Pàirt den chorp. Tha dà **ghàirdean** ort. Tha do làmhan aig ceann do **ghàirdeanan**.

---

gàire   (an gàire)
Nuair a tha thu toilichte, bidh tu a' dèanamh **gàire**.
Bidh daoine a' dèanamh **gàire** nuair a chluinneas iad rud èibhinn.

---

gaol   (an gaol)
Tha **gaol** agad air daoine nuair is toigh leat iad gu mòr.
*Is toigh leam mo phàrantan. Tha **gaol** agam orra.*

gaoth   (a' ghaoth, na gaoithe)
An uair a tha an èadhar a' gluasad gu luath, tha **gaoth** ann.

41

garbh (nas gairbhe)
Ma tha rud **garbh**, chan eil e rèidh no mìn.

---

gàrradh
(an gàrradh, na gàrraidhean)
Aite mun taigh far a bheil feur, lusan agus flùraichean a' fàs.

---

gasta (nas gasta)
Math. Coibhneil. Còir.
*Tha an duine **gasta** ud a' cuideachadh a h-uile duine.*

---

geal (nas gile)
An dath a tha air sneachda agus bainne.

---

gealach (a' ghealach)
An rud cruinn geal a chì thu anns an adhar air an oidhche.

gèam
(an gèam, na geamaichean, na geamannan)
Bidh daoine a' cluich **gèam** mar ball-coise no falach-fead.

---

geamhradh (an geamhradh)
Pàirt den bhliadhna anns a bheil e glè fhuar. An t-Samhain, an Dùbhlachd agus am Faoilleach. Bidh an sneachda ann bho àm gu àm anns a' **gheamhradh**.

---

geansaidh
(an geansaidh, na geansaidhean)
Seòrsa de aodach. Bidh tu a' cur **geansaidh** ort airson do chumail blàth. Tha e a' dol air do bhroilleach agus do ghàirdeanan.

---

gearradh (gheàrr)
A' dèanamh rud na phàirtean.
Bidh tu a' **gearradh** rudan le sgian agus siosar.
*Thuit mi agus **gheàrr** mi mo ghlùin.*

geata

(an geata, na geataichean)
Tha **geata** ann am feansa agus bidh e a' fosgladh coltach ri doras.

geur   (nas gèire, nas geòire)
1.   Ma tha rud **geur**, tha e math airson gearradh rudan.
2.   *Tha blas **geur** air liomaid.*

gille   (an gille, na gillean)
Balach. Fear beag.

giotàr   (an giotàr, na giotàran)
Rud airson ceòl a chluich.

glacadh   (ghlac)
A' breith air rud.
*Thilg e am ball agus **ghlac** mi e.*

glainne

(a' ghlainne, na glainneachan)
1. Rud mar cupa às am bi thu ag òl deoch.
2. An stuth às am bi daoine a' dèanamh **glainne** airson deoch.
Tha **glainne** ann an uinneagan agus ann an solais.
Bidh tu a' faicinn tro **ghlainne**.

glanadh   (ghlan)
A' toirt salchar bho rud.

glas   (nas glaise)
Dath eadar geal agus dubh.

glè
Tha am facal **glè** a' tighinn ro fhacail eile airson an dèanamh làidir. **Glè** mhòr = fìor mhòr.

gleoc

(an gleoc, na gleocaichean)
Rud a bhios ag innse dhut dè an uair a tha e.

glic   (nas glice)
Ma tha thu **glic**, bidh tu a' dèanamh rudan ceart.
Ma tha thu glic, chan eil thu gòrach.

gluasad   (ghluais)
Nuair a tha thu a' dol bho aon àite gu àite eile, tha thu a' **gluasad**.

43

glùin (a' ghlùin, na glùinean)
Pàirt den chorp. Tha do chas
a' lùbadh aig do **ghlùin**.

---

gnog (ghnog)
Nuair a tha thu a' **gnogadh** air
doras, tha thu a' bualadh air gus
am fosgail duine e.

---

goid (ghoid)
Nuair a tha rudan aig daoine eile
agus tha thusa gan toirt air falbh
gun chead, tha thu gan **goid**. Tha
thu a' **goid** rudan nuair a tha thu
a' falbh le rudan nach eil leat.

---

goil (ghoil)
Nuair a tha uisge cho teth is gu
bheil e a' dol na cheò, tha e a' **goil**.

---

goirid (nas giorra)
*Tha an sgiorta seo **goirid**, ach tha an
sgiorta seo fada.*
*Tha mionaid **goirid**, ach tha latha nas
fhaide.*

goirt (nas goirte)
Ma tha rud **goirt**, tha pian ann.
Nuair a tha an cnatan ort, bidh
d' amhach **goirt**.
*Tha mo cheann **goirt**.*

---

gòrach
Ma tha thu a' dèanamh rud a tha
gòrach, chan eil e glic.
*Nach e a bha **gòrach**! Chosg e
an t-airgead aige air fad.*

---

gorm (nas guirme)
Dath an adhair.

Granaidh
Màthair do mhàthar no màthair
d' athar.

---

grànda
Mura bheil rud brèagha, tha e
grànda.

---

greas ort!
Dèan cabhag!

grian   (a' ghrian)
Tha a' **ghrian** anns an adhar agus
tha solas agus teas a' tighinn aiste.

---

grod   (nas groide)
Nuair a tha biadh air a dhol dona,
tha e **grod**.

---

gruamach   (nas gruamaiche)
Ma tha duine **gruamach**, chan eil e
toilichte.

---

grunnd
1.   An talamh. Tha thu
a' coiseachd air a' **ghrunnd**.
2.   Bonn na mara.

---

gu dearbh
Dha-rìribh. Gu fìrinneach. Gun
teagamh. Gu cinnteach.

gu diofar
Mura bheil rud cudromach dhut,
chan eil e **gu diofar**.
Tha mi duilich gu bheil mi fadalach.
'Tha sin ceart gu leòr. Chan eil e gu
diofar.'

---

gu lèir
Air fad. Uile.
Na rudan **gu lèir** = a h-uile rud.

---

gu leòr
Na tha dhìth ort. Na tha thu ag
iarraidh.
*A bheil biadh **gu leòr** agad?*
*'Tha **gu leòr** agam. Chan eil*
an t-acras orm.'
*Cha robh ùine **gu leòr** agam*
m' obair-sgoile a dhèanamh.

---

guth   (an guth, na guthan)
Am fuaim a tha a' tighinn às do
bheul nuair a tha thu a' bruidhinn,
a' seinn no ag èigheachd.

idir
Cha dèan mi **idir** e = cha dèan mi e
ge bith dè a thachras.

ìm   (an t-ìm)
Seòrsa de bhiadh. Bidh daoine
a' dèanamh **ìm** à uachdar.
Bidh tu a' cur **ìm** air aran.

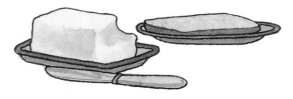

---

iar   (an iar)
Tha ceithir àirdean ann – **tuath**,
deas, **an iar** agus **an ear**.
Tha Glaschu agus Leòdhas air
taobh **an iar** na h-Alba.

---

iarraidh   (dh'iarr)
Ma tha thu airson rud fhaighinn,
tha thu ga **iarraidh**.
*A bheil thu ag **iarraidh** bracaist?*

---

iasg   (an t-iasg)
Rud a bhios a' snàmh fon uisge ann
an loch no anns a' mhuir.

---

innse   (dh'innis)
Ma tha thu ag **innse** rud do dhuine,
tha thu ag ràdh rud ris.

---

iomadh
Mòran. Tòrr.
Iomadh duine = mòran dhaoine.

---

ionndrainn   (dh'ionndrainn)
Ma tha thu ag **ionndrainn** duine
tha e air falbh ach b' fheàrr leat
gun robh e air ais còmhla riut.

---

ionnsachadh   (dh'ionnsaich)
Anns an sgoil tha thu ag
ionnsachadh mòran rudan.
*Dh'ionnsaich mi rud ùr anns an sgoil
an-diugh.*

ìosal   (nas ìsle)
Ma tha rud faisg air an làr, tha e
ìosal. Ma tha rud **ìosal**, chan eil e
àrd.

---

isean
  (an t-isean, na h-isein,
  na h-iseanan)
Eun òg. Eun beag.

---

ite   (an ite, na h-itean)
Tha **itean** air eun. Tha **itean** bog
agus aotrom.

---

itealag
  (an itealag, na h-itealagan)
Tòidh a bhios a' falbh anns an
adhar air ceann sreang fhada.

itealaich   (dh'itealaich)
A' falbh anns an adhar.
Bidh eòin ag **itealaich**.

---

ithe   (dh'ith)
Nuair a tha biadh a' dol nad bheul
agus sìos gu do stamag, tha thu ga
ithe.

iuchair
  (an iuchair, na h-iuchraichean)
Bidh tu a' glasadh doras le **iuchair**.

lag

Mura bheil thu làidir, tha thu **lag**.
*Chan urrainn dhomh a' chlach throm ud a thogail. Tha mi ro **lag**.*

---

laghach   (nas laghaiche)

Còir. Gasta. Coibhneil. Snog.

---

làidir   (nas treasa, nas làidire)

Mas urrainn dhut rudan troma a thogail, tha thu **làidir**.

---

laighe   (laigh)

Nuair a tha thu nad shìneadh nad leabaidh, tha thu nad **laighe**.
*Dìleas, **laigh** sìos!*

làmh

(an làmh, na làmhan)
Tha do **làmh** air ceann do ghàirdein agus tha do chorragan air do **làimh**. Bidh tu a' togail rudan le do **làmhan**.

---

làr   (an làr)

Am pàirt as ìsle de rùm.

---

làraidh

(an làraidh, na làraidhean)
Rud mòr coltach ri càr a bhios a' toirt rudan bho àite gu àite.

---

latha

(an latha, na lathaichean)
Madainn, feasgar agus oidhche. Tha fichead agus ceithir uairean ann an **latha**. Tha seachd **lathaichean** ann an seachdain.

leabaidh

(an leabaidh, na leapannan)
Rud air am bi thu nad laighe nuair a tha thu nad chadal.

leabhar
(an leabhar, na leabhraichean)
Tòrr mòr de dhuilleagan air an cur
ri chèile. Tha rudan air an
sgrìobhadh ann an **leabhar**.

leanabh
(an leanabh, na leanaban)
Tè no fear beag. Pàiste òg.

leantainn (lean)
A' dol às dèidh rud no duine.

lèine (an lèine, na lèintean)
Seòrsa de aodach a tha a' dol air do
bhroilleach agus do ghàirdeanan.

leisg (nas leisge)
Ma tha thu **leisg**, chan eil thu
airson obair a dhèanamh.

leisgeul
(an leisgeul, na leisgeulan)
Nuair a tha thu ag innse do dhuine
carson nach do rinn thu rud, agus
chan eil e fìor, tha thu a' dèanamh
leisgeul.

leth (an leth, na leithean)
Nuair a tha thu a' dèanamh rud na
dhà phàirt a tha coltach anns gach
dòigh, tha dà **leth** agad.

leth-cheud (an leth-cheud)
An àireamh 50.

leughadh (leugh)
A' coimhead air rud a tha air a
sgrìobhadh airson faighinn a-mach
dè tha e ag ràdh.

leum (leum)
Nuair a tha thu a' **leum**, tha thu
a' dol suas gu luath bhon talamh.
Leum an t-each an fheansa.

liath
1. Gorm. Dath an adhair.
2. Dath glas air falt duine.

lion (an lion, na lìn)
Rud air a dhèanamh de ròp agus le
iomadh toll ann. Bidh daoine
a' glacadh iasg le **lion**.

liosta

(an liosta, na liostaichean)
Loidhne de ainmean no de rudan
eile air an sgrìobhadh còmhla.

---

litir (an litir, na litrichean)
1. Rud a tha air a sgrìobhadh
airson a chur gu duine eile.
Bidh tu a' cur **litrichean** tron phost.
2. Pàirt de fhacal.

---

loch (an loch, na lochan)
Tòrr mòr uisge air tìr no pàirt den
mhuir.

---

loidhne

(an loidhne, na loidhnichean)
Tha **loidhne** mar seo_____.
Faodaidh **loidhne** a bhith
dìreach no cam, fada no goirid.

---

lon-dubh

(an lon-dubh, na loin-dubha)
Eun dubh no donn. Chì thu **lon-
dubh** anns a' ghàrradh.

lorg (lorg)
Nuair a tha thu a' feuchainn ri rud
fhaighinn, tha thu ga **lorg**.

---

luath (nas luaithe)
Ma tha thu a' dol **luath**, bidh tu
a' dol bho àite gu àite ann an ùine
ghoirid.
*Tha an càr seo glè **luath**. 'S e Ferrari
a tha ann.*

---

lùbadh (lùb)
Ma tha rud a' **lùbadh**, tha e a' dol
cam.

---

lùbte (nas lùbte)
Air a dhol cam.

---

luch

(an luch, na luchan, na luchainn)
Beathach glè bheag air a bheil
ceithir casan agus earball.

luchd-smàlaidh

(an luchd-smàlaidh)
Daoine a bhios a' dol gu àite far a
bheil teine airson a chur às.

maide (am maide, na maidean)
Pìos fiodha. Bata beag.

---

màileid

(a' mhàileid, na màileidean)
Rud anns am bi thu a' toirt do
leabhraichean dhan sgoil. Rud
anns am bi thu a' toirt d' aodach
air na saor-làithean.

---

mall (nas maille)
Slaodach. Ma tha thu **mall**, chan
eil thu luath.

Mamaidh
Do mhàthair.

---

mapa

(am mapa, na mapaichean)
Dealbh de àite. Bidh tu
a' coimhead air **mapa** gus am bi
fios agad càite bheil àiteachan.

---

marbh
Ma tha rud **marbh**, chan eil e beò
a-nise.

mac (am mac, na mic)
Ma 's e balach a tha annad, is tu
mac do mhàthar agus d' athar.

---

madadh-allaidh

(am madadh-allaidh,
na madaidh-allaidh)
Beathach fiadhaich mar cù mòr
glas.

---

madainn

(a' mhadainn, na maidnean,
na madainnean)
Am pàirt den latha bhon àm a tha
thu thu ag èirigh gu meadhan-
latha. A' chiad phàirt den latha.

math   (nas fheàrr)
Tha rudan as toigh leat **math**.
*Bha film **math** air an telebhisean a-raoir.*
Bha mi tinn ach tha mi nas fheàrr a-nise.

màthair
   (a' mhàthair, na màthraichean)
Do Mhamaidh. Bidh do **mhàthair** a' coimhead às do dhèidh.

meadhan   (am meadhan)
Tha pàirt air gach taobh den **mheadhan**.
Tha do **mheadhan** eadar do stamag agus do chasan.

meadhanach
Ma tha rud **meadhanach**, chan eil e math ach chan eil e dona nas motha.

meadhan-latha
Dà uair dheug. 12.00.

meadhan-oidhche
Dà uair dheug air an oidhche.

measail   (nas measaile)
Ma tha thu **measail** air rud, is toigh leat e.

mil   (a' mhil)
Bidh seillein a' dèanamh **mil**. Tha **mil** milis. Bidh tu a' cur **mil** air aran.

mìle   (am mìle, na mìltean)
1. Tha thu ag ràdh cho fada is a tha e eadar àiteachan ann am **mìltean**.
*Tha Inbhir Nis mu 100 **mìle** bho Obar-Dheathain.*
2. An àireamh

milis   (nas mìlse)
Am blas a tha air siùcar, suiteas agus mil.

52

millean
(am millean, na milleanan)
An àireamh

mì-mhodhail
(nas mì-mhodhaile)
Nuair a tha thu a' dèanamh rudan
nach eil ceart no rudan a tha dona,
tha thu **mì-mhodhail**.

mìn (nas mìne)
1. Tha rud **mìn** ma tha e na
phìosan glè bheag.
Tha gainmheach **mìn**.
2. Bog. Rèidh. Tha sìoda **mìn**.

ministear
(am ministear, na ministearan)
Fear no tè a bhios a' bruidhinn ri
daoine mu Dhia.

mionaid
(a' mhionaid, na mionaidean)
Uine ghoirid. Tha 60 **mionaid** ann
an uair a thìde.

mios (a' mhios)
Tha ceithir seachdainean ann am
mios. Tha dà **mhios** dheug ann
am bliadhna.

miosachan
(am miosachan, na miosachain)
Ann am miosachan, tha na
lathaichean air an sgrìobhadh
a-mach airson gach mios. Bidh
daoine a' cur **miosachan** air
a' bhalla gus am bi fios aca dè an
latha a tha ann.

miotag (a' mhiotag)
Aodach a bhios tu a' cur air do
làimh airson a cumail blàth.

mòine (a' mhòine)
Rud bog dubh a bhios tu
a' faighinn às an talamh.
Bidh daoine a' cur **mòine** air teine
airson a chumail a' dol.

---

moladh (mhol)
Ma tha thu a' **moladh** rud no duine,
tha thu ag ràdh gu bheil e math.

mòr (nas motha)
Ma tha rud **mòr**, chan eil e beag.
*Tha mo bhràthair **mòr**, ach tha
m' athair nas **motha** na e.*

---

mosach (nas mosaiche)
Ma tha duine **mosach**, chan eil e
idir laghach no còir.
*Cha toir e dhomh suiteas. Tha e glè
mhosach.*

---

mothachadh (mhothaich)
Nuair a tha thu a' faicinn rud nach
robh fios agad a bha ann, tha thu
a' **mothachadh** dha.

muc (a' mhuc, na mucan)
Beathach reamhar le earball beag,
curlach.

---

muir (a' mhuir, am muir)
Aite glè mhòr far a bheil tòrr uisge.
Bidh bàtaichean a' seòladh air
a' **mhuir**.

---

mullach (am mullach)
Am pàirt àrd de rud. Bàrr.
Mullach an taigh.

mun cuairt
Ma tha thu a' dol **mun cuairt**, tha
thu a' dol timcheall.

neoni

'S e **neoni** a tha ann an

nighe   (nigh)

A' glanadh rudan le uisge agus
siabann.

nighean

  (an nighean, na nigheanan,
  na nìghnean)
Tè òg. Caileag.

nàbaidh   (an nàbaidh)
Duine a tha a' fuireach faisg ort.

nàdar

Na beathaichean, na h-eòin, an
t-iasg is na lusan agus a h-uile rud
eile a tha beò air an t-saoghal.

nead   (an nead, na neadan)
Aite far a bheil eun a' breith
uighean.

neònach   (nas neònaiche)
Ma tha rud neònach, chan
eil e coltach ri rudan eile.

Nollaig

Am den bhliadhna anns am bi
daoine a' toirt prèasantan dha
chèile. Tha iad a' dèanamh sin oir
's e co-là-breith Iosa a tha anns an
Nollaig.

obair (dh'obraich)

Ma tha thu ag **obair**, tha thu
a' dèanamh rud.
*Bha mi ag **obair** cruaidh agus tha mi
sgìth a-nise.*

o chionn

Bhon àm...
*Thachair Blàr Chùil Lodair **o chionn**
fhada.*

òg (nas òige)

Ma tha thu **òg**, chan eil thu air a
bhith beò fada.
*Tha mo sheanair sean ach tha mise
òg.*

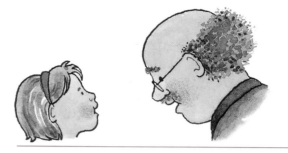

oidhche

(an oidhche, na h-oidhcheannan)
Tha an **oidhche** ann nuair a tha an
latha seachad. Tha e dorcha air an
oidhche. Bidh tu nad chadal air
an **oidhche**.

oisean

(an t-oisean, na h-oisein,
na h-oiseanan)
Am pàirt den rùm far a bheil dà
bhalla a' tighinn còmhla. Còrnair.

òl (dh'òl)
Bidh tu ag **òl** tì no sùgh liomaid no deochan eile.

---

orainsear
   (an t-orainsear,
   na h-orainsearan)
Tha **orainsearan** a' fàs air craobhan agus tha iad cruinn agus orains. Tha iad math rin ithe.

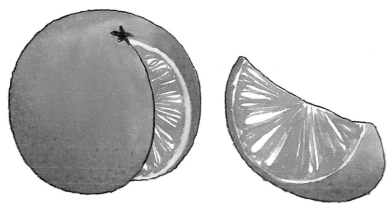

òrd (an t-òrd, na h-ùird)
Tha **òrd** math airson rudan a bhualadh.

òrdag (an òrdag, na h-òrdagan)
A' chorrag thiugh ghoirid.

---

os cionn
Nas àirde na rud.
*Tha na sgòthan **os ar cionn**, ach tha am plèana **os cionn** nan sgòthan.*

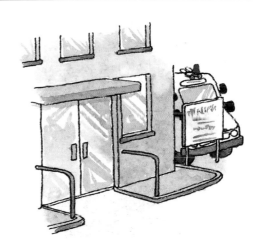

ospadal
   (an t-ospadal, na h-ospadail)
Aite far an tèid thu nuair a tha thu tinn. Bidh na dotairean anns an **ospadal** a' coimhead às do dhèidh gus am bi thu nas fheàrr.

pailt (nas pailte)

Tha rud **pailt** nuair a tha tòrr dheth ann.

pàipear

(am pàipear, na pàipearan)
Bidh daoine a' sgrìobhadh agus a' dèanamh dealbhan air **pàipear**. Tha **pàipear** ann an leabhraichean.

pàirt

(am pàirt, na pàirtean)
Pìos de rud.
*Tha **pàirt** den obair-sgoile agam deiseil, ach tha **pàirt** eile agam ri dhèanamh.*

pacaid (a' phacaid)

Màileid bheag pàipeir no plastaig.
*Tha **pacaid** suiteas agam.*

pàidh (am pàidh, na pàidhean)

Seòrsa de bhiadh. Mar as trice tha **pàidh** cruinn. Bidh feòil no biadh milis mar ubhal ann am meadhan **pàidh**.

pàigheadh (phàigh)

Nuair a tha daoine a' dèanamh obair dhut, bidh tu a' **pàigheadh** airgead dhaibh. Bidh tu a' pàigheadh airson rudan a gheibh thu anns a' bhùth.

pàrant

(am pàrant, na pàrantan)
Athair no màthair.

parsail

(am parsail, na parsailean)
Bidh daoine a' cur pàipear timcheall air rud agus a' dèanamh **parsail**. Bidh iad a' cur **parsailean** gu daoine eile tron phost.

pàrtaidh

(am pàrtaidh, na pàrtaidhean)
Nuair a tha **pàrtaidh** ann, bidh daoine a' tighinn còmhla airson geamaichean a chluich agus bidh biadh math ann.
*Bha **pàrtaidh** agam airson mo cho-là-bhreith.*

pàtran

(am pàtran, na pàtrain,
na pàtranan)
Bidh duine a' dèanamh **pàtran** nuair a tha iad a' cur dealbhan còmhla.
Tha **pàtranan** air rudan gus am bi iad a' coimhead brèagha.

peann   (am peann, na pinn)
Bidh daoine a' sgrìobhadh le **peann**.

peansail

(am peansail, na peansailean)
Bidh tu a' sgrìobhadh le **peansail** anns an sgoil.

peant

(am peant, na peantaichean)
Bidh daoine a' cur **peant** air rud airson dath no pàtran a chur air.
*Rinn mi dealbh le **peant**.*

peantadh   (pheant)
A' cur peant air rudan.

peata

(am peata, na peataichean)
Beathach a bhios a' fuireach anns an taigh còmhla riut.
*Tha dà **pheata** agam. Tha cù agus cat agam.*

pinc   (nas pince)
Dath a tha eadar dearg agus geal.

pìob   (a' phìob, na pìoban)
Mar as trice tha **pìob** cruinn. Bidh rudan a' dol tro **phìoban**. Tha uisge a' tighinn dhan taigh tro **phìob**.

pìos (am pìos, na pìosan)
Pàirt de rud. **Pìos** pàipeir = aon
duilleag de phàipear.
Pìos arain.

piseag
   (a' phiseag, na piseagan)
Cat òg.

piuthar
   (a' phiuthar, na peathraichean)
Ma tha nighean anns an teaghlach
agad, tha **piuthar** agad.

planaid
   (a' phlanaid, na planaidean)
Saoghal. Tha sinne uile a' fuireach
air **planaid**.

plèana
   (a' phlèana, na plèanaichean)
Bidh daoine a' falbh anns
an adhar ann am **plèana**.
Tha **plèana** mòr agus tha
dà sgiath oirre.

poileas (am poileas, na poilis)
Tha na **poilis** a' coimhead às dèidh
dhaoine. Bidh na **poilis** a' glacadh
dhaoine a tha a' goid rudan agus
a' dèanamh cron.

post (am post, na puist)
1. Bidh tu a' cur litir gu daoine
anns a' **phost**.
2. An duine a bhios a' toirt
litrichean gu na dorsan.

prèasant

(am prèasant, na prèasantan)
Tòidh no rud eile a bhios tu a' toirt
do dhuine airson a dhèanamh
toilichte.
*Bidh mi a' toirt **prèasant** dhut airson
do cho-là-bhreith.*

prìs

(a' phrìs, na prìsean)
Na tha rud a' cosg.
*Dè a' **phrìs** a tha e?   'Tha e dà not.'*

prìseil

(nas prìseile)
Ma tha rud **prìseil**, tha e daor. Tha
e uabhasach math.

prògram

(am prògram, na prògraman)
Rud ris am bi thu a' coimhead air
an telebhisean.
*Dè am **prògram** as fheàrr leat air an
telebhisean?*

pùdar   (am pùdar)

Tha **pùdar** mìn. Tha siùcar agus
gainmheach mar **pùdar**. Bidh
daoine a' nighe aodaich le **pùdar**
siabainn.

purpaidh

(nas purpaidhe)
Dath. Tha **purpaidh** mar dearg
agus gorm còmhla.

putadh   (phut)

Ma tha thu a' **putadh** rud, tha thu
ga chur bhuat le do làmhan.

putan   (am putan, na putain)

Tha **putan** air aodach airson a
chumail dùinte. Mar as trice
tha **putan** cruinn.

radan   (an radan, na radain)
Beathach beag le ceithir casan agus earball. Tha **radan** coltach ri luch ach tha e nas motha.

ràdh   (thuirt)
Bruidhinn. Bidh tu ag **ràdh** rudan nuair a tha facail a' tighinn a-mach às do bheul.

ràinig
Ràinig thu ma tha thu air tighinn gu àite.
*Cuin a **ràinig** thu an sgoil?*
*'**Ràinig** mi an sgoil aig naoi uairean.'*

rànaich   (ràin)
Bidh tu a' **rànaich** nuair a tha thu brònach. Bidh uisge a' tighinn às do shùilean nuair a tha thu a' **rànaich**.

rann
(an rann, na rainn, na rannan)
Pàirt de òran.

rathad
(an rathad, na rathaidean)
Bidh càraichean agus busaichean a' dol bho àite gu àite air **rathaidean**.

reamhar   (nas reimhre)
Ma tha thu **reamhar**, tha thu tiugh agus trom.

reic   (reic)
Ma tha thu a' **reic** rud, tha thu ga thoirt do dhuine eile airson airgead.

rèidh   (nas rèidhe)
Dìreach. Còmhnard.
*Tha an talamh **rèidh** a-bhos an seo ach tha clachan thall an sin.*

rèidio   (an rèidio)
Bidh tu ag èisdeachd ri **rèidio**.
Nuair a tha thu ag èisdeachd ris an
rèidio, bidh tu a' cluinntinn ceòl
agus bruidhinn a' tighinn bho
fhada air falbh.

reòiteag
   (an reòiteag, na reòiteagan)
Bidh tu ag ithe **reòiteag**. Tha
reòiteag milis agus glè fhuar.

reothadh   (reoth)
Nuair a tha uisge a' **reothadh**, tha
e cho fuar is gu bheil e a' dol
cruaidh.

riamh
An-còmhnaidh. Bhon toiseach.

rionnag
   (an rionnag, na rionnagan)
Tha mòran **rionnagan** anns an
adhar. Chì sinn iad a' deàrrsadh
mar sholais bheaga.

ri taobh
Air aon taobh de rud no duine.
Faisg air rud no duine.
Is toigh leam a bhith a' suidhe ri
***taobh** na h-uinneig.*

ròp   (an ròp, na ròpan)
Seòrsa sreang fhada chaol leis
am bi thu a' ceangal rudan.

roth   (an roth, na rothan)
Rud cruinn air càr no baidhsagal a
bhios a' dol mun cuairt. Cha
ghluais càr no baidhsagal idir mura
bheil **rothan** orra.

ruadh   (nas ruaidhe)
Dath. Tha **ruadh** mar donn is
dearg còmhla.

rubair

(an rubair, na rubairean)
Nuair a tha thu a' sgrìobhadh rud
le peansail, bidh tu a' sgrìobhadh
an rud ceàrr bho àm gu àm. Ma
tha thu air an rud ceàrr a
sgrìobhadh, faodaidh tu a thoirt às
le **rubair**.

---

rud (an rud, na rudan)
Dad. Càil. Nì.

---

rudeigin
Rud. Rud mu nach eil thu
cinnteach.
*Tha **rudeigin** anns a' bhogsa.*

---

rugbaidh (an rugbaidh)
Gèam mar ball-coise a bhios tu
a' cluich ann am pàirc.
Bidh daoine a' tilgeil ball gu daoine
eile agus bidh iad a' feuchainn ris
a' bhall a thoirt bho aon cheann
den phàirc chun cheann eile.

rùilear

(an rùilear, na rùilearan)
Rud dìreach a bhios tu a' cur gu
feum nuair a tha thu airson
loidhne a tharraing. Bidh tu
a' faicinn dè cho fada is a tha rud
le **rùilear** cuideachd.

---

ruith (ruith)
A' dol luath.
*Bha mi a' **ruith** airson a' bhus, ach
dh'fhalbh e.*

---

rùm (an rùm, na rumannan)
Pàirt den sgoil no pàirt den taigh.
Aite le balla air gach taobh agus
doras airson faighinn a-steach agus
a-mach.

sabhs   (an sabhs)
Bidh tu a' cur **sabhs** air biadh
airson blas math a thoirt dha.

---

sagart   (an sagart, na sagartan)
Fear a bhios a' bruidhinn ri daoine
mu Dhia.

---

salach   (nas salaiche)
Mura bheil rud glan, tha e **salach**.
*Bha mi a' cluich anns a' phàirc agus
tha mi **salach** a-nise.*

---

sam bith
*Dè tha thu ag iarraidh?
'Rud **sam bith**. Chan eil e gu diofar.'
Cò ris a tha thu airson bruidhinn?
'Och, duine **sam bith**.'*

---

sàmhach   (nas sàmhaiche)
Ma tha thu **sàmhach**, chan eil thu
ag ràdh mòran no a' dèanamh
fuaim.

---

samhradh   (an samhradh)
Pàirt den bhliadhna. An Cèitean,
an t-Ogmhios, an t-Iuchar. Tha e
blàth anns an t-**samhradh**.

---

saoghal   (an saoghal)
Tha sinn uile a' fuireach air an
t-**saoghal**. Tha an **saoghal** mòr
agus cruinn. Tha a' ghealach
a' dol mun cuairt an t-**saoghail**
agus tha an **saoghal** a' dol mun
cuairt na grèine.

---

saor   (nas saoire)
Ma tha rud **saor**, chan eil e a' cosg
mòran airgead.

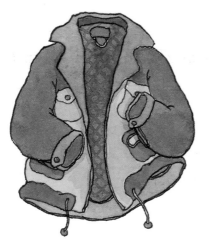

seacaid
  (an t-seacaid, na seacaidean)
Seòrsa de chòta beag a bhios tu
a' cur ort airson do chumail tioram
agus blàth.

---

seachad
Ma tha rud an dèidh tachairt, tha e
seachad. Ma tha thu air a dhol
seachad air rud, tha thu air a dhol
nas fhaide na an t-àite far an robh
e.

---

seachdain
  (an t-seachdain,
   na seachdainean)
Seachd lathaichean.

---

sealltainn   (sheall)
Ma tha thu a' **sealltainn** air rud,
tha thu a' coimhead air. Tha thu
a' toirt sùil air rud nuair a tha thu
a' **sealltainn** air.

sean   (nas sine)
Aosta. Ma tha thu **sean** tha thu air
a bhith beò airson mòran
bhliadhnaichean.
*Tha an cù againn glè **shean**. Tha e
deich bliadhna a dh'aois.*

---

seanair
  (an seanair, na seanairean)
Athair do mhàthar, no athair
d' athar.

---

seanmhair
  (an t-seanmhair,
   na seanmhairean)
Màthair do mhàthar, no màthair
d' athar.

---

seann   (nas sine)
An aon rud ri **sean**.
Seann duine.

---

seasamh   (sheas)
Ma tha thu a' **seasamh**, tha thu air
do chasan, ach chan eil thu
a' coiseachd no a' ruith.

seillean

(an seillean, na seillein,
na seilleanan)
Rud beag beò le sgiathan a bhios
a' falbh anns an èadhar.
Tha **seillean** buidhe agus dubh.
Bidh e a' dèanamh mil.

seinn   (sheinn)

Tha thu a' **seinn** nuair a tha thu
a' gabhail òran.

sèithear

(an sèithear, na sèithrichean)
Cathair. Rud air am bi thu
a' suidhe.

seo

1.   An rud **seo** = an rud a tha agam
an-dràsta.
2.   **An seo** – an t-àite anns a bheil
sinn an-dràsta.

seòladh   (sheòl)

Bidh bàta a' **seòladh**. Nuair a tha
bàta a' dol bho àite gu àite air an
uisge, tha i a' **scòladh**.

seòmar

(an seòmar, na seòmraichean)
Rùm.

seòrsa   (an seòrsa)

Rudan a tha coltach ri chèile.
*'S e seo an **seòrsa** biadh as fheàrr
leam.*

sgàthan

(an sgàthan, na sgàthain)
Rud de ghlainne anns am bi thu
gad fhaicinn fhèin.

sgeilp

(an sgeilp, na sgeilpichean)
Bidh tu a' cur rudan air an **sgeilp**
airson an cumail. Mar as trice bidh
sgeilpichean air a' bhalla.

sgeulachd

(an sgeulachd, na sgeulachdan)
Stòiridh.

sgian   (an sgian, na sgeinean)

Rud de mheatailt leis am bi thu
a' gearradh rudan.
*Bidh mi ag ithe le **sgian** agus forc.*

sgiath   (an sgiath, na sgiathan)
Tha dà **sgiath** air eun. Tha itean
ann an **sgiath**. Nuair a tha na
sgiathan a' dol suas is sios, bidh an
t-eun ag itealaich.

---

sgillinn
   (an sgillinn, na sgillinnean)
Bonn airgid. Tha ceud **sgillinn** ann
an not.

---

sgioblachadh   (sgioblaich)
Nuair a tha thu a' **sgioblachadh** do
rùm, tha thu a' cur a h-uile rud na
àite fhèin.

---

sgìth   (nas sgìthe)
Nuair a tha thu **sgìth**, tha thu ag
iarraidh fois no cadal.
*Bha mi ag obair gu cruaidh agus
a-nise tha mi glè* **sgìth**.

---

sgitheadh   (sgith)
A' dol sios beinn le dà phìos fada
plastaig air do chasan. Bidh tu
a' **sgitheadh** air sneachda.

sgoil   (an sgoil, na sgoiltean)
Aite far am bi thu ag ionnsachadh
mòran rudan bho na tidsearan.

---

sgòth   (an sgòth, na sgòthan)
Tha na **sgòthan** anns an adhar.
Tha iad mòr agus tha iad geal no
glas. Nuair a tha an t-uisge ann,
tha an t-uisge a' tighinn às na
sgòthan.

---

sgreuchail
Nuair a tha thu a' **sgreuchail** tha
thu ag èigheachd, oir tha pian mòr
no eagal ort.

---

sgrìobhadh   (sgrìobh)
A' cur facail sios air pàipear le
peansail no peann.

sgudal   (an sgudal)
Na rudan nach eil daoine ag
iarraidh. Pacaidean a tha falamh
agus rudan mar sin.

---

sgur   (sguir)
Stad. Nuair a tha thu a' **sgur** de
rudeigin, bha thu ga dhèanamh
ach chan eil a-nise.

shios

Ma tha thu **shios**, tha thu air a dhol sios.

Ma tha thu **shios**, chan eil thu shuas.

shuas

Ma tha thu **shuas**, tha thu air a dhol suas.

Ma tha thu **shuas**, chan eil thu shios.

siabann   (an siabann)

Nuair a tha thu gad nighe fhèin, bidh tu a' cleachdadh **siabann** agus uisge. Tha **siabann** gad ghlanadh.

sìde   (an t-sìde)

Aimsir.

Ciamar a tha an t-sìde an-diugh?
'Tha an t-uisge ann an-dràsta ach bidh i grianach feasgar.'

silidh   (an silidh)

Tha **silidh** milis. Bidh tu a' cur **silidh** air pìos arain.

similear

(an similear, na similearan)

Nuair a tha teine ann, tha an ceò a' tighinn a-mach às an t-**similcir**. Tha an **similear** air mullach an taighe.

sin

1.   An rud **sin** = rud a tha pìos air falbh.

Tha **sin** nas fhaide air falbh na seo.

2.   **An sin** = àite a tha pìos air falbh.

sioraf   (an sioraf, na siorafan)

Beathach mòr a tha a' fuireach ann an Afraga. Tha amhach glè fhada air **sioraf**.

siorcas

(an siorcas, na siorcasan)
Bidh daoine ann an **siorcas**
a' dèanamh cleasan doirbh agus
bidh daoine eile a' dol gam faicinn.

---

sios

Ma tha thu a' dol **sios**, tha thu
a' dol bho bhith ann an àite àrd gu
bhith ann an àite ìosal.

---

siosar (an siosar, na siosaran)

Bidh daoine a' gearradh pàipear no
falt le **siosar**.

---

siubhal (shiubhail)

Ma tha thu a' **siubhal**, tha thu
a' dol bho aon àite gu àite eile.

---

siùcar (an siùcar)

Seòrsa de bhiadh. Tha **siùcar** geal
agus milis. Tha **siùcar** ann am
biadh agus deoch airson blas milis
a thoirt orra.

siud

Tha **siud** nas fhaide air falbh na
sin.
*Càite bheil e? **Siud** e, thall **an siud**.*

---

siuthad!

Tòisich!
Siuthad! *Breab am ball!*

---

slaighdeadh (shlaighd)

A' gluasad gu luath air rud a tha
sleamhainn, mar deigh.

---

slaman-milis

(an slaman-milis)
Biadh milis. Bidh daoine ag ithe
slaman-milis an dèidh biadh eile.

---

slaodach (nas slaodaiche)

Mall. Ma tha thu **slaodach**, chan
eil thu luath.

---

slaodadh (shlaod)

A' gluasad rud air an làr às do
dhèidh.

---

slat (an t-slat, na slatan)

Pìos maide caol fada leis am bi
daoine ag iasgach.

sleamhainn

(nas sleamhainne, nas sleamhna)
Ma tha an làr **sleamhainn**, tha e doirbh a bhith a' coiseachd air gun tuiteam.

---

sliopar

(an t-sliopar, na slioparan)
Bròg a bhios tu a' cur ort anns an taigh.

---

snàmh   (shnàmh)
A' falbh tron uisge le bhith a' gluasad do làmhan agus do chasan.

sneachda   (an sneachda)
Tha **sneachda** geal agus fuar. Bidh tu a' dèanamh bodach **sneachda** anns a' gheamhradh.

---

snèap   (an t-snèap, na snèapan)
Lus cruinn a bhios daoine ag ithe.

snog   (nas snoige)
Brèagha. Bòidheach. Laghach.

---

socair   (nas socaire)
1. Ma tha thu **socair**, chan eil thu a' dèanamh fuaim mòr.
Bha i a' bruidhinn ann an guth socair.
2. Ma tha thu a' dol gu **socair**, tha thu a' gluasad ann an dòigh nach eil ro luath.
Gabh air do shocair!

sòfa   (an sòfa, na sòfathan))
Sèithear mòr air am bi dhà no trì dhaoine a' suidhe.

---

soilleir   (nas soilleire)
Tha a' ghrian **soilleir**. Tha na dathan geal agus buidhe **soilleir**.

---

soitheach

(an soitheach, na soithichean)
1. 'S e **na soithichean** rudan mar truinnsear agus cupa.
Bidh mi a' cuideachadh Mamaidh a' nighe nan soithichean.
2. Rud anns am bi thu a' cumail rudan no a' bruich biadh.

solas   (an solas, na solais)
Bidh sinn a' faicinn rudan nuair a
tha **solas** ann. Tha **solas** a' tighinn
bhon ghrèin.

sona   (nas sona)
Toilichte. Tha thu **sona** nuair a tha
rudan math a' tachairt.
Ma tha thu **sona**, chan eil thu
gruamach.

spaid   (an spaid, na spaidean)
Bidh daoine a' dèanamh toll anns
an talamh le **spaid**.

speuclairean

   (na speuclairean)
Rudan de ghlainne a bhios daoine
a' cur orra gus am bi iad a' faicinn
nas fheàrr.
Tha feum aig m' athair air
speuclairean *airson am pàipear a*
leughadh.

spòg   (an spòg, na spògan)
1. Cas air cù no cat no beathach
eile.
2. Pàirt den ghleoc a tha
a' sealltainn dè an uair a tha e.

spòg bheag   (an spòg bheag)
An spòg air a' ghleoc a tha
a' sealltainn nan uairean.

spòg mhòr   (an spòg mhòr)
An spòg air a' ghleoc a tha
a' sealltainn nam mionaidean.

sporan   (an sporan, na sporain)
Rud anns am bi thu a' cur
d' airgead airson a thoirt leat.
Chan eil airgead agam nam **sporan**
ach tha dà not agam aig an taigh.

spòrs   (an spòrs)
1. Geamaichean a bhios daoine
a' cluich.
Is toigh leam **spòrs** *mar ball-coise*
agus rugbaidh ach cha toigh leam
spòrs *mar snàmh.*
2. Rud sam bith a tha gad
dhèanamh toilichte.

sràid

(an t-sràid, na sràidean)
Rathad air a bheil taighean agus
bùthan.

sreang

(an t-sreang, na sreangannan,
na sreangan)
Seòrsa de ròp chaol airson rud a
cheangal.

sreath

(an t-sreath, na sreathan)
Loidhne. Rudan às dèidh a chèile.

sròn   (an t-sròn, na srònan)
Tha do **shròn** air d' aodann. Bidh
tu a' toirt d' anail a-steach tro do
shròin. Bidh tu a' faighinn
fàileadh tro do **shròin** cuideachd.

sruth   (an sruth, na sruthan)
Nuair a tha uisge a' gluasad, tha e
a' gluasad ann an **sruth**.

stad   (stad)
A' sgur bho bhith a' dèanamh rud.
Ma tha thu a' **stad**, bha thu
a' dèanamh rudeigin ach chan eil
a-nise.

staidhre

(an staidhre, na staidhrichean)
Bidh tu a' dol suas an **staidhre**
airson faighinn dha na rumannan
a tha gu h-àrd.

stocainn

(an stocainn, na stocainnean)
Seòrsa de aodach. Bidh tu a' cur
stocainnean air do chasan anns na
brògan.

stòiridh

(an stòiridh, na stòiridhean)
Tha stòiridh ag innse mu rud a
thachair ach chan eil stòiridh
an-còmhnaidh fìor. Bidh tu ag
èisdeachd ri **stòiridh** a tha duine ag
innse dhut no bidh tu a' leughadh
stòiridh ann an leabhar.

stoirm

(an stoirm, na stoirmean)
Nuair a tha an t-uisge ann agus
gaoth fhiadhaich, tha **stoirm** ann.

stòl   (an stòl, na stùil)
Sèithear beag air nach eil cùl.

streap   (shreap)
A' dol suas cnoc no beinn.

stuth   (an stuth)
Rudan.
*Cò leis a tha an **stuth** seo? Tha
pàipearan, peansailean, aodach, ball,
agus suiteas ann.*

suas

Ma tha thu a' dol **suas**, tha thu
a' dol bho bhith ann an àite ìosal
gu bhith ann an àite àrd.

sùbh-craoibh

(an sùbh-craoibh, na sùbhan-
craoibh)
Biadh a tha a' fàs air lus àrd. Tha
sùbh-craoibh dearg agus milis
agus bidh daoine a' dèanamh silidh
leis.

sùbh-làir

(an sùbh-làir, na sùbhan-làir)
Biadh a tha a' fàs air lus. Tha
sùbh-làir dearg agus milis agus
bidh daoine a' dèanamh silidh leis.
Tha **sùbh-làir** beagan coltach ri
sùbh-craoibh ach tha e a' fàs air lus
ìosal agus chan eil an aon seòrsa
blas dheth.

sùgh   (an sùgh)

Deoch a bhios tu ag òl.
A bheil thu ag iarradh **sùgh** *orainseir?*

suidhe   (shuidh)

Bidh tu a' **suidhe** air sèithear. Ma
tha thu na do **shuidhe**, chan eil thu
na do sheasamh no a' coiseachd no
a' ruith.
Suidh aig a' bhòrd agus gabh do
bhiadh!

sùil   (an t-sùil, na sùilean)

Pàirt den chorp. Tha do **shùilean**
air d' aodann. Bidh tu a' faicinn
rudan le do **shùilean**.

suiteas   (an suiteas)

Rudan beaga milis a bhios tu ag
ithe nuair nach eil thu ag
iarraidh mòran biadh.

sunndach   (nas sunndaiche)

Glè thoilichte.

taghadh (thagh)
Nuair a tha thu a' **taghadh** rud, tha thu ag ràdh cò am fear no cò an tè a tha thu ag iarraidh.

---

taigh (an taigh, na taighean)
An t-àite far am bi daoine a' fuireach.

---

talamh (an talamh)
An grunnd taobh a-muigh an taighe. Bidh lusan a' fàs anns an **talamh**.

---

talla (an talla, na tallaichean)
Tha **talla** coltach ri rùm mòr.
*Tha i a' seinn ann an **talla** a' bhaile a-nochd.*

tana (nas taine)
Ma tha rud **tana**, tha e caol. Ma tha e tana, chan eil e tiugh.
*Tha uisge nas **taine** na brot.*

---

taobh
(an taobh, na taobhannan, na taobhan)
Oir. Loidhne air cruth.
*Bha am bàta a' gluasad bho **thaobh** gu **taobh**.*

---

tapadh leat
Ma tha duine air rud a dhèanamh air do shon, bidh tu ag ràdh '**tapadh leat**'.

---

tapaidh (nas tapaidhe)
Làidir. Ma tha thu **tapaidh**, cha chuir dad eagal ort.

tarbh (an tarbh, na tairbh)
Beathach mòr làidir. 'S e an aon seòrsa beathach a tha ann an **tarbh** agus bò.

tarraing   (tharraing)
1. A' dèanamh dealbh le peann no peansail.
2. A' slaodadh.

---

tarsainn
Nuair a tha thu a' dol seachad air rud a tha fo do chasan, tha thu a' dol **tarsainn** air.
*Chaidh sinn **tarsainn** air an drochaid.*

---

tè
1.   Nighean. Caileag. Boireannach. Bean.
2.   Aon de rud.

---

teadaidh
   (an teadaidh, na teadaidhean)
Tòidh coltach ri mathan beag.

---

teaghlach
   (an teaghlach, na teaghlaichean)
Mamaidh, Dadaidh, bràithrean, peathraichean, seanairean, seanmhairean agus daoine mar sin.

teas   (an teas)
Cho teth is a tha rud. Cho blàth is a tha rud.

---

teatha   (an teatha)
Tì. Deoch theth.
*A bheil thu ag iarraidh cupa **teatha**?*

---

teiche   (theich)
Ma tha thu a' **teiche**, tha thu a' ruith air falbh bho rud.

teine   (an teine, na teinichean)
Tha **teine** gar cumail blàth. Tha solas a' tighinn bhon **teine** cuideachd.

---

teip   (an teip, na teipichean)
Bidh daoine a' cumail fuaimean agus ceòl air **teip**. Faodaidh tu ceòl a chluich air **teip** aig àm sam bith.

teip-thomhais

(an teip-thomhais)
Loidhne de phàipear no plastaig air a bheil àireamhan. Bidh tu a' cur **teip-thomhais** ri taobh rudan airson a bhith a' faicinn dè cho fada is a tha iad.

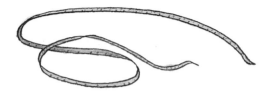

telebhisean

(an telebhisean,
na telebhiseanan)
Bogsa air am bi thu a' faicinn dealbhan a tha a' gluasad, agus bidh fuaimean a' tighinn às cuideachd. Bidh daoine a' coimhead air prògraman as toigh leotha air an **telebhisean**.

teth   (nas teotha, nas teatha)
Glè bhlàth.

thàinig

Cha robh e an seo, ach **thàinig** e agus tha e an seo a-nise.

thall

An siud. Aite a tha pìos air falbh.
*Tha e **thall** ann an Canada.*

thèid
***Thèid** mi dhan sgoil a-màireach.*

thig
***Thig** mi gad fhaicinn a-màireach.*

thoir
*Tha mi ag iarraidh leabhar. An **toir** thu dhomh fear?*
'Bheir. Seo e.'

thug
***Thug** mi mo rubair do Mhàiri agus cha **tug** i air ais e.*

thuirt
*Ma **thuirt** thu rud, bha thu ag ràdh rudeigin.*
*Dè **thuirt** thu?*
'Cha ann riutsa a bha mi a' bruidhinn.'

tì   (an tì)
An aon rud ri **teatha**. Faic **teatha**.

tìde   (an tìde)
Uine.

---

tidsear

  (an tidsear, na tidsearan)
Tè no fear a tha ag obair ann an
sgoil. Bidh clann ag ionnsachadh
rudan bho na **tidsearan** anns an
sgoil.

---

tìgear   (an tìgear, na tìgearan)
Beathach mòr anns na
h-Innseachan. Bidh **tìgearan** ag
ithe beathaichean eile. Tha iad glè
làidir agus tha fiaclan mòra aca.

---

tighinn   (thàinig)
Ma tha thu a' **tighinn**, tha thu
a' gluasad gu àite.

---

tilgeil   (thilg)
Ma tha thu a' **tilgeil** rud, tha thu
ga chur bhuat glè luath.
*Thug Dòmhnall am ball dhomh ach
cha robh mi ga iarraidh.* **Thilg** *mi air
ais e.*

---

tilleadh   (thill)
Ma tha thu a' **tilleadh**, tha thu
a' tighinn air ais.

---

timcheall
Mun cuairt.

---

tionndadh   (thionndaidh)
Nuair a tha thu a' **tionndadh** tha
thu a' dol mun cuairt.
Tha mi deiseil den duilleig seo.
*'**Tionndaidh** an duilleag, ma tha,
agus tòisich air tè ùr.'*

---

tioram   (nas tioraime)
Ma tha thu **tioram**, chan eil uisge
no càil mar sin ort.

---

tiugh   (nas tighe)
Tha an loidhne seo caol, ach tha an
tè seo **tiugh**.

tobar

  (an tobar, na tobraichean)
Aite far am bi daoine a' faighinn
uisge. Tha **tobar** a' dol sios tron
talamh.

tofaidh

(an tofaidh, na tofaidhean)
'S e suiteas a tha ann an **tofaidh**.
Tha **tofaidh** milis agus bidh tu ga
ithe.

---

togail   (thog)
A' cur rud suas.
Thuit am peansail ach **thog** *mi*
a-rithist e.
Tha na daoine ud a' **togail** *taigh.*

---

toigh

Is **toigh** *leam bainne. Is caomh leam*
e.
Is **toigh** *leam ball-coise. Tha e math.*

toilichte   (nas toilichte)
Sona. Ma tha rudan a' dol math
dhut, bidh tu **toilichte**.
Bidh mi **toilichte** *nuair a thig na saor-*
làithean.

---

toirt
Ma tha thu a' **toirt** rud **do** dhuine,
tha thu a' cur an rud na làimh.
Ma tha thu a' **toirt** rud **bho** dhuine,
tha e a' cur an rud nad làimh-sa.

tòiseachadh   (thòisich)
Ma tha thu a' **tòiseachadh** air rud,
tha thu a' dèanamh a' chiad pàirt
dheth.

toll   (an toll, na tuill)
Aite far a bheil pìos air a thoirt
a-mach às an talamh.
Aite sam bith far a bheil pìos air a
thoirt a-mach.
Tha **toll** *mòr nam gheansaidh.*

---

tomàto

(an tomàto, na tomàtothan)
Rud cruinn dearg a bhios daoine ag
ithe. Tha **tomàtothan** a' fàs air
lusan.

---

tomhas   (thomhais)
A' faighinn a-mach dè cho mòr 's a
tha rud. A' faighinn a-mach dè cho
trom 's a tha rud. A' faighinn
a-mach dè cho fada air falbh 's a
tha rud.

tonn (an tonn, na tuinn)
Nuair a tha uisge na mara
a' tighinn a-steach chun
a' chladaich, agus nuair a tha
gaoth ann, bidh an t-uisge ag
èirigh suas ann an **tuinn**. Bidh na
tuinn a' tuiteam sìos a-rithist agus
bidh **tuinn** eile ag èirigh nan àite.

---

tòrr
Mòran.
*Tha **tòrr** airgead aig mo sheanair.*

tost (an tost)
Aran a tha air a dhèanamh blàth
gus a bheil e donn agus cruaidh.
Bidh daoine ag ithe **tost** le ìm agus
silidh.

---

tractar

 (an tractar, na tractaran)
Rud coltach ri càr le dà roth mhòr
agus dà roth bheag. Bidh **tractaran**
a' dèanamh rudan air an achadh oir
tha iad glè làidir agus furasta an
dràibheadh.

tràigh (an tràigh, na tràighean)
An t-àite aig oir na mara. Bidh
gainmheach no clachan air an
tràigh agus bidh daoine a' dol
chun na **tràghad** nuair a tha i
blàth.

trang (nas trainge)
Tha thu **trang** nuair a tha thu
a' dèanamh tòrr obair.
*Bha mi trang a' dèanamh
m' obair-dachaigh.*

---

tràth (nas tràithe)
*Bha mi aig an sgoil aig leth-uair an
dèidh a h-ochd. Bha mi **tràth** oir
chan eil an sgoil a' tòiseachadh gu
naoi uairean.*

---

trèalair

 (an trèalair, na trèalairean)
Rud le rothan a bhios daoine a' cur
às dèidh càr airson rudan troma a
thoirt bho àite gu àite.
*O, tha sin ro mhòr airson a' chàr. Cuir
anns an **trèalair** e.*

trèan

(an trèan, na trèanaichean)
Bidh **trèan** a' falbh air
loidhneachan meatailt.
Tha **trèan** glè mhòr agus bidh i
a' dol glè luath.
Bidh mòran dhaoine a' dol bho àite
gu àite air an **trèan**.

treas

*Bha sinn a' ruith dhan sgoil. 'S e Iain
a' chiad fhear a ràinig an sgoil , 's e
Dòmhnall an dàrna fear, agus is mise
an **treas** fear.*

tric (nas trice)

Iomadh uair.
*Am bi thu a' tighinn an seo **tric**?*

trobhad!

Thig an seo!

trod (throid)

Nuair a tha thu a' **trod**, tha thu ag
ràdh rudan ann an guth a tha
cruaidh oir tha fearg ort.

trom (nas truime)

Ma tha rud **trom** tha e doirbh a
thogail.

truinnsear

(an truinnsear, na truinnsearan)
Bidh daoine a' cur biadh air
truinnsearan agus an uair sin
ga ithe.

tuilleadh

1. Ma tha thu ag iarraidh rud eile
no pìos eile, tha thu ag iarraidh
tuilleadh.
2. Uair eile. *Cha dèan mi sin
tuilleadh.*

tuiteam (thuit)

A' dol sios chun an làir glè luath
ged nach eil thu ag iarraidh a bhith
a' dol sios.

turas (an turas, na tursan)

Cuairt. Nuair a tha thu a' dol air
turas, bidh tu a' siubhal bho àite gu
àite.
*Tha sinn a' dol air **turas** do Ghlaschu
an-diugh.*

U

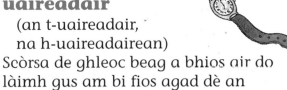

uaireadair
(an t-uaireadair,
na h-uaireadairean)
Scòrsa de ghleoc beag a bhios air do
làimh gus am bi fios agad dè an
uair a tha e.

uan (an t-uan, na h-uain)
Caora òg.

ubhal (an t-ubhal, na h-ùbhlan)
Rud cruinn milis a bhios daoine ag
ithe. Tha **ùbhlan** a' fàs air
craobhan agus tha iad dearg,
buidhe no uaine.

uabhasach
1. Glè.
'S toigh leam sin. Tha e uabhasach
math!
2. Cho dona 's a ghabhas.

ugh (an t-ugh, na h-uighean)
Tha **uighean** cruinn agus tha iad
a' tighinn bho chearcan.
Bidh daoine ag ithe **uighean**.

uachdar (an t-uachdar)
1. Mullach. Bàrr. Am pàirt as àirde
de rud.
2. Bàrr a' bhainne.

uaine (nas uaine)
Dath an fheòir.

uair (an uair, na h-uairean)
1. Uine.
2. **Uair** a thìde = 60 mionaid.
*Trì **uairean** feasgar.*

uile
Gach.
A h-**uile** duine = gach duine.
A h-**uile** latha = gach latha.

uilebheist

(an uilebheist, na h-uilebheistean)
Rud beò a tha mòr agus dona. Bidh
uilebheistean ann an sgeulachdan.
Bidh **uilebheistean** ag ithe dhaoine
agus bidh daoine a' marbhadh
uilebheistean anns na
sgeulachdan.

---

uilinn

(an uilinn, na h-uilinnean,
na h-uilnean)
Am pàirt ann am meadhan do
ghàirdein far am bi i a' lùbadh.

ùine   (an ùine)

Mionaidean, uairean, lathaichean,
seachdainean, miosan agus
bliadhnaichean.
Uine fhada, ùine ghoirid.

---

uinneag

(an uinneag, na h-uinneagan)
Rud de ghlainne ann am balla an
taighe. Bidh tu a' faicinn tro na
h-**uinneagan**.

uisge   (an t-uisge)

Tha **uisge** anns a' mhuir agus anns
an loch agus ann an sinc. Bidh
daoine ag òl **uisge**, bidh daoine
a' nighe rudan ann an **uisge** agus
bidh daoine gan nighe fhèin le
uisge.

ùr   (nas ùire)

Ma tha rud **ùr**, chan eil e air a
bhith ann fada.
*Fhuair mi baga-sgoile **ùr** an-dè.*

ùrlar   (an t-ùrlar, na h-ùrlaran)

Làr. Am pàirt den rùm air am bi ar
casan. Tha na sèithrichean agus
am bòrd air an **ùrlar**.
*Tha brat ùr againn air an **ùrlar**.*

ùrnaigh

(an ùrnaigh, na h-ùrnaighean)
Nuair a tha thu ag **ùrnaigh**, tha
thu a' bruidhinn ri Dia. Bidh
daoine ag **ùrnaigh** ann an eaglais
no aig an taigh.

---

urrainn

*An **urrainn** dhut leabhar fhaighinn
bhon sgeilp a tha shuas an siud?
'Chan **urrainn** oir tha mi ro bheag.'
Is **urrainn** dha na h-eòin itealaich ach
chan **urrainn** dhòmhsa.*

Thu Fhèin

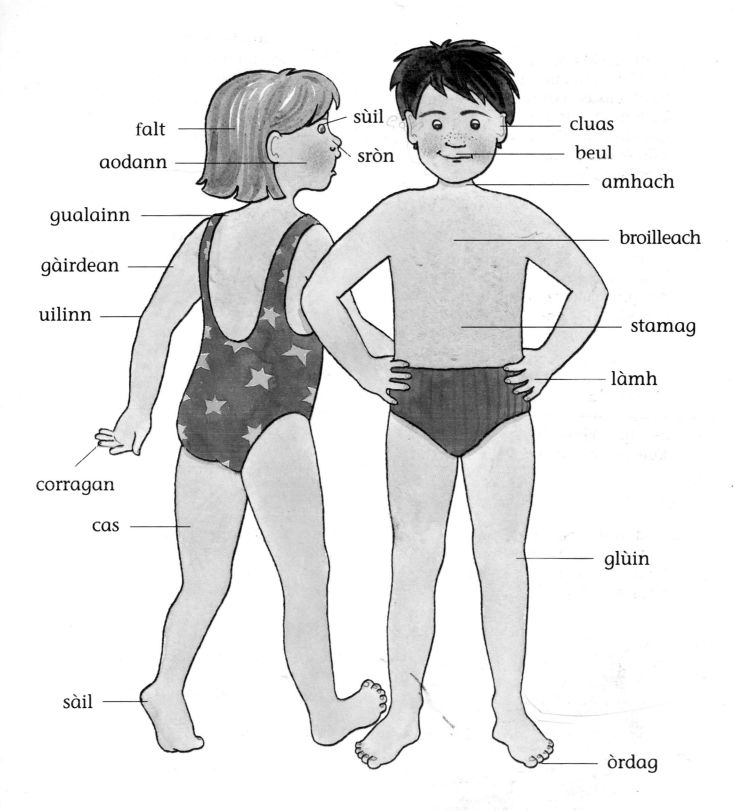

falt

aodann

sùil

sròn

gualainn

gàirdean

uilinn

corragan

cas

sàil

cluas

beul

amhach

broilleach

stamag

làmh

glùin

òrdag

Aodach

Ad

bonaid

lèine

còta

seacaid

sgiorta

dreasa

briogais

stocainnean

geansaidh

brògan

86

Biadh

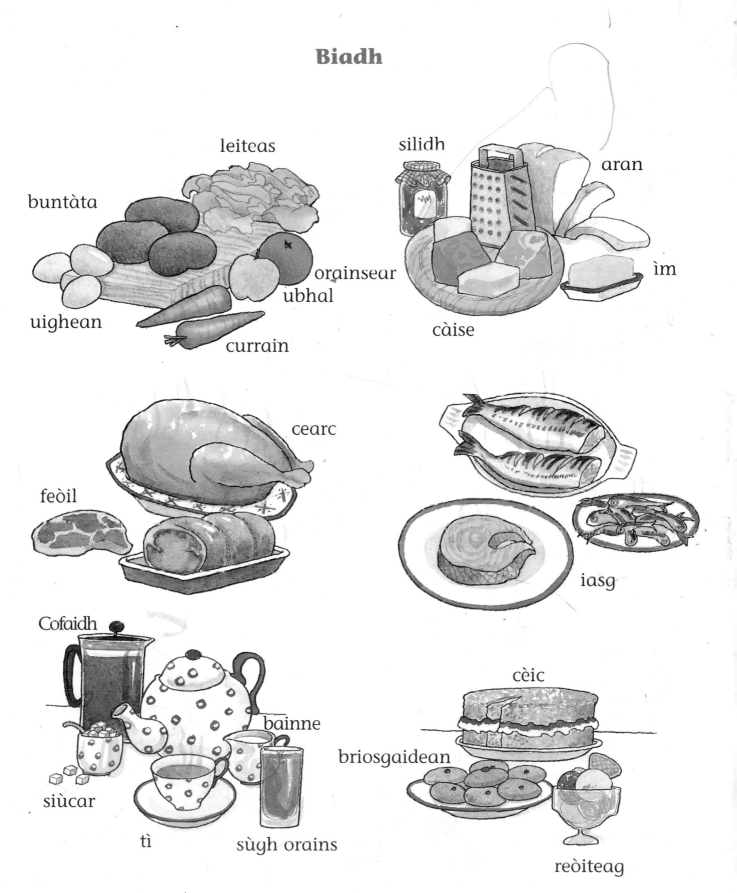

leiteas

buntàta

orainsear

ubhal

uighean

currain

silidh

aran

ìm

càise

cearc

feòil

iasg

Cofaidh

bainne

siùcar

tì

sùgh orains

cèic

briosgaidean

reòiteag

Beathaichean

coineanach

luch

radan

hamstair

bò

laogh

uan   caora

iseanan

cearc

Cù

cat

cuilean

piseag

Beathaichean Fiadhaich

cailleach-oidhche

iolaire

Fiadh

faoileag

sionnach

ròn

leumadair

muc-mhara

crùbag

giomach

ailbhean

leòmhann

tìgear

89

Siubhal

Plèana

trèana

làraidh

càr

bhan

baidhsagal

heileacoptar

tagsaigh

bàta

bus

An Uair

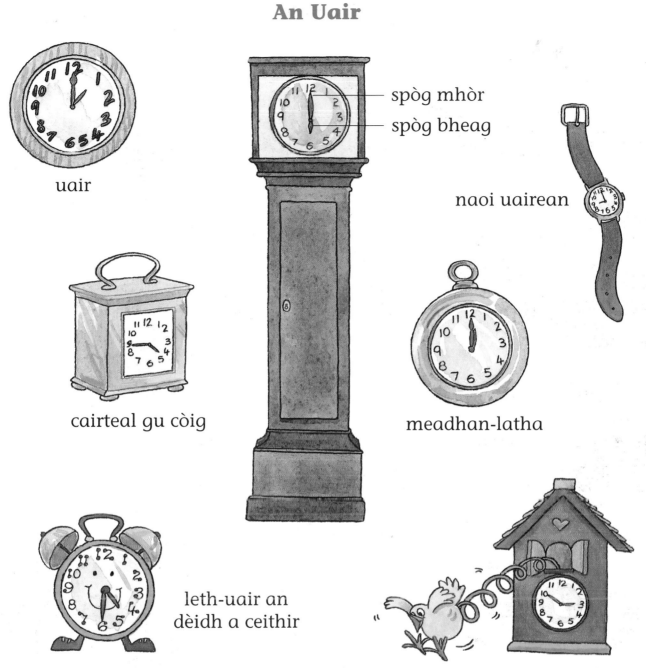

uair

spòg mhòr
spòg bheag

naoi uairean

cairteal gu còig

meadhan-latha

leth-uair an
dèidh a ceithir

deich mionaidean gu trì

Lathaichean

Diluain   Dimàirt   Diciadain   Diardaoin

Dihaoine   Disathairne   Latha na Sàbaid, Didòmhnaich

Miosan

Am Faoilleach

An Gearran

Am Màrt

An Giblean

An Cèitean

An t-Ogmhios

An t-Iuchar

An Lùnasdal

An t-Sultain

An Dàmhair

An t-Samhain

An Dùbhlachd

Na Ràithean

earrach

samhradh

foghar

geamhradh

92

Aireamhan

		Ur		**Traidiseanta**
1	aon	24	fichead 's a ceithir	fichead 's a ceithir
2	dhà	30	trithead	fichead 's a dcich
3	trì	35	trithead 's a còig	fichead 's a còig deug
4	ceithir	40	ceathrad	dà fhichead
5	còig	50	caogad	leth-cheud
6	sia	60	seasgad	trì fichead
7	seachd	70	seachdad	trì fichead 's a deich
8	ochd	80	ochdad	ceithir fichead
9	naoi	90	naoichead	ceithir fichead 's a deich
10	deich			
11	aon deug	100	ceud	
12	dhà dheug	1 000	mìle	
13	trì deug	1 000 000	millean	
14	ceithir deug			
15	còig deug			
16	sia deug			
17	seachd deug			
18	ochd deug			
19	naoi deug			
20	fichead			

1	A' chiad	6amh	an siathamh	11amh	an aon deugamh
2	an dara	7amh	an seachdamh	12amh	an dà dheugamh
3	an treas	8amh	an t-ochdamh	20amh	am ficheadamh
4amh	an ceathramh	9amh	an naoidheamh	30amh	an tritheadamh
5amh	an còigeamh	10amh	an deicheamh	100amh	an ceudamh

Cumaidhean/Dathan

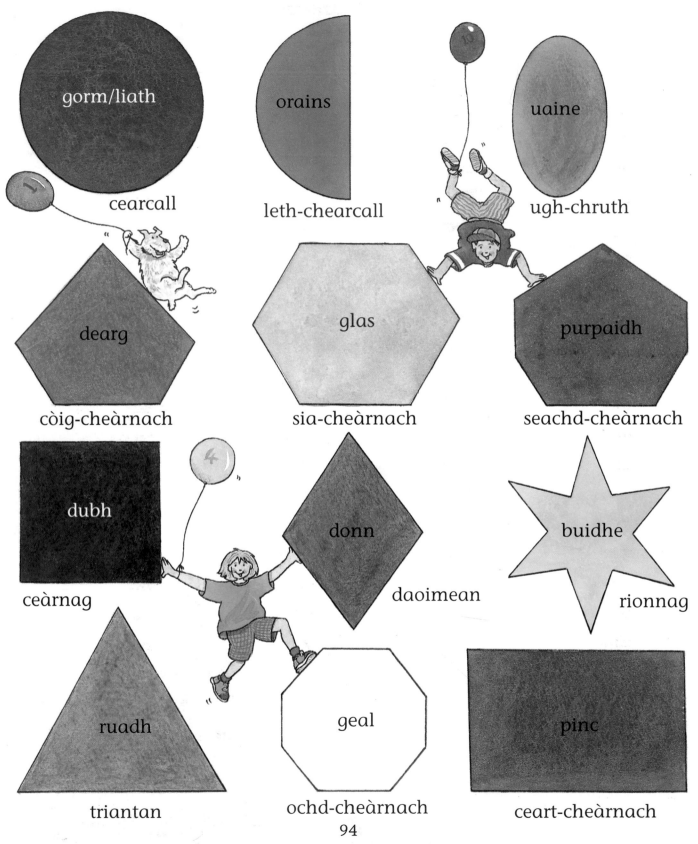

gorm/liath

cearcall

orains

leth-chearcall

uaine

ugh-chruth

dearg

còig-cheàrnach

glas

sia-cheàrnach

purpaidh

seachd-cheàrnach

dubh

ceàrnag

donn

daoimean

buidhe

rionnag

ruadh

triantan

geal

ochd-cheàrnach

pinc

ceart-cheàrnach

Faclan Cumanta

a	chan	gan	nach
a'	cho	gar	nad
à	chun	ged	nam
às	de	glè	nan
ach	den	gu	nar
ag	dhen	gum	nas
agus	do	gun	neo
aig	don	gur	no
air	dhan	gus	nuair
airson	eadar	le	nur
am	eile	leis	o
an	faod	ma	oir
an t-	far	mar	on a
ann	feum	mas	ri
anns	fhad 's	mu	ris
as	fo	mun	ro
bho	fon	mura	sa
bhon	ga	mus	seo
o, on	gad	na	sin
cha	gam	na h-	ud

Faclan Feumail

Mise agus tusa

mi	thu	e	i	sinn	sibh	iad
mise	thusa	esan	ise	sinne	sibhse	iadsan
mo	do	a	a	ar	ur	an, am
agam	agad	aige	aice	againn	agaibh	aca
leam	leat	leis	leatha	leinn	leibh	leotha
rium	riut	ris	rithe	rinn	ribh	riutha
orm	ort	air	oirre	oirnn	oirbh	orra
dhomh	dhut	dha	dhi	dhuinn	dhuibh	dhaibh
annam	annad	ann	innte	annainn	annaibh	annta

Tha agus chan eil

A bheil thu gu math an-diugh?

Tha mi gu math.

Chan eil esan gu math.

Nach eil?

An robh thu an seo an-dè?

Bha mi an seo.

Cha robh ise an seo.

Nach robh?

Am bi thu an seo a-màireach?

Bidh mi an seo a-màireach.

Cha bhi iadsan an seo.

Nach bi?

Càite?

a-muigh, a-mach, a-staigh, a-steach

a-null, a-nall, a-bhos, thall

sios, suas, shios, shuas

an seo, an sin, an siud

Cuin?

An-dè, an-diugh, a-màireach

a-raoir, a-nochd, an ath-oidhch'

an-uiridh, am-bliadhna, an ath-bhliadhna

an-dràsta, a-rithist, a-nise, an uair sin